런던으로 떠나는
증권시장 역사 기행

런던으로 떠나는 증권시장 역사 기행

발행일   2021년 7월 9일

지은이   송기명
펴낸이   손형국
펴낸곳   (주)북랩
편집인   선일영   편집   정두철, 윤성아, 배진용, 김현아, 박준
디자인   이현수, 한수희, 김윤주, 허지혜   제작   박기성, 황동현, 구성우, 권태련
마케팅   김회란, 박진관
출판등록   2004. 12. 1(제2012-000051호)
주소   서울특별시 금천구 가산디지털 1로 168, 우림라이온스밸리 B동 B113~114호, C동 B101호
홈페이지   www.book.co.kr
전화번호   (02)2026-5777   팩스   (02)2026-5747

ISBN   979-11-6539-860-6 03320 (종이책)   979-11-6539-861-3 05320 (전자책)

(주)북랩 성공출판의 파트너
북랩 홈페이지와 패밀리 사이트에서 다양한 출판 솔루션을 만나 보세요!
홈페이지 book.co.kr   •   **블로그** blog.naver.com/essaybook   •   **출판문의** book@book.co.kr

작가 연락처 문의 ▶ ask.book.co.kr
작가 연락처는 개인정보이므로 북랩에서 알려드릴 수 없습니다.

런던 증권시장 450년의 역사와 기원을 찾아서

런던으로 떠나는 증권시장 역사 기행

송기명 지음

북랩 book Lab

증권시장은 자본주의 시장경제의 핵심이다. 매일 수백만 명의 사람들이 자신이 투자한 기업의 주가를 확인하고, 기업은 증권시장의 수요에 따라 경영과 운영방식을 조정한다. 최근에는 증권시장을 단순한 경제 보조지표라기보다는 경제 활동 자체에 상당한 영향을 미치는 주체로 보는 시각도 강하다. 주가가 오르면 수백만 명의 투자자들이 소비를 늘려 상품과 서비스에 대한 수요가 증가하고, 반대로 주가가 하락하면 소비를 줄여 수요가 감소하기 때문이다. 정부와 중앙은행도 경제정책, 통화정책 및 금융시장 안정을 위해 늘 증권시장을 주시하고 있다. 국가 경제의 성장과 발전은 증권시장의 건전한 발전에 달려 있다고 해도 과언이 아닐 것이다. 이 때문에 세계 각국의 여러 나라는 증권시장을 중요한 국가 자산의 하나로 취급하고 있다.

하지만, 정작 증권시장의 기원과 성장에 대해서는 아는 사람이 적고 상대적으로 관심도 떨어지는 것이 현실인 것 같다. 심지어 1997년 한국거래소 입사 후 햇수로 거의 25여 년을 근무한 저자조차도 증권시장의 여러 제도와 관행을 당연한 듯 자연스레 여기지만, 그 기원과 기저에 깔린 의미 그리고 현재에 이르기까지의 발전과정은 모르는 것이 많다고 고백할 수밖에 없다.

증권거래소는 증권이 거래되는 장소나 시설, 또는 증권의 매매를 위한 사람들의 일정한 모임 또는 시장을 의미한다. 보다 전문적으로는 증권의 매매를 위해 다수인의 주문을 집중 시켜 매매를 체결시키는 상설적이고 조직화된 시설이나 장소 또는 이를 위한 체계화된 규정을 제정하고 운영하는 시스템이라고도 할 수 있다. 하지만, 사실, 증권거래소는 증권거래가 이루어지는 장소 그 이상의 의미가 있다. 어떤 의미에서 증권거래소의 역사와 발전과정은 바로 해당 국가 증권시장의 발전과정 그 자체라고도 할 수 있다.

증권거래소의 유래는 17세기 초 네덜란드 암스테르담에서 찾을 수 있다. 일부 증권업자로 출입을 제한하고 행동강령을 제정했던 1724년의 프랑스 파리증권거래소도 최초의 근대적인 증권거래소라고 할 수 있다. 하지만, 유럽을 뒤흔든 프랑스 혁명과 나폴레옹 전쟁으로 인해 초창기 증권시장을 열었던 암스테르담과 파리의 증권거래소는 쇠퇴하고, 혼란을 피해 유럽의 자본가와 금융시장 전문가가 이주해 정착한 런던이 유럽 대륙의 부와 재능을 이어받아 선도 증권시장의 자리를 차지하게 된다. 이 책은 바로 런던 증권시장의 중추인 런던증권거래소의 성립과 발전에 관한 수백 년간의 이야기다. 16세기부터 21세기까지 런던 시티의 증권시장, 특히 런던증권거래소의 여명기, 성장기, 황금기, 쇠퇴기, 부활기를 연대기적 방식으로 기술했다. 독자의 지루함을 덜기 위해 증권시세표의 기원, 세계 최초의 국채, 복권부채권 그리고 아이작 뉴턴, 데이비드 리카도와 네이선 로스차일드의 투자 이야기 등 오래전 증권시장의 가십성 읽을거리도 군데군데 끼워 넣었다. 증권거래소나 증권회사를 지칭하는 하우스, 상승장과 하락장을 상징하는 황소와 곰, 그리고 패닉 등 일부 증권시장 용어의 유래도 소개했다.

증권업계 종사자가 아닌 일반인의 시각에서는 증권시장의 역사와 제도는 조금 내용이 어렵고 전문적이며 지루할 수도 있을 것 같다. 하지만, 300여 년이 넘는 역사를 통해 끊임없이 반복되는 증권시장의 투기, 위기와 패닉, 그리고 변화와 혁신을 통해 계속 진화하는 시장의 모습은 현재의 시각으로도 전혀 낯설지 않다. 과학적으로 인류의 문명이 발전해도 증권시장을 지배하는 인간의 탐욕과 공포라는 본성은 변함이 없기 때문일까?

전문적인 연구자도 아니고 체계적인 학식이 있는 것도 아닌 처지에 회사 업무에 지장을 초래하지 않으려 주로 주말에만 작업한 까닭에 생각보다 완성에 오랜 시간이 걸렸다. 개인적으로는 몇 년간의 주말 골프를 포기하고 얻은 결과물이지만, 독자가 보기에는 보잘것없는 졸작이 아닐지 두려운 마음이 앞선다. 여러 자료를 확인하며 정확성을 기하려 노력했지만, 혹시라도 중요한 부분의 누락이나 사실관계의 오류가 있다면 저자의 부족함 탓이다. 미흡한 부분에 대한 지적, 비판과 조언은 늘 환영한다.

2021년 7월

송기명

: 목차 :

오래전 런던

1565년 토마스 그레샴은 런던 시티 당국에 특별한 제안을 했다. 엘리자베스 1세에게 '악화가 양화를 구축한다(Bad money drives out good)'라고 편지를 보냈던 '그레샴의 법칙'의 바로 그 주인공이다. 만일 시티 당국이 부지를 제공한다면 벨기에 앤트워프에 있는 거래소를 모델로 삼아 자신의 돈으로 런던에도 거래소를 신축하겠다는 것이었다. 이때까지만 해도 런던에는 상인들이 모여 사업할 수 있는 특화된 장소가 없었다. 시티가 동의하자 그레샴은 런던의 20개 리버리 회사(livery company)와 700여 명 이상의 개인이 제공한 자금으로 건물을 신축했다. 건물 1층의 아케이드에는 100여 개 이상의 상점이 입점했다.

1570년 1월, 엘리자베스 1세는 비숍스게이트에 있는 그레샴의 저택에서 식사를 마치고 왕립거래소를 방문했다. 신축 건물에 크게 감명을 받은 여왕은 영국 상업과 무역의 중심지가 될 이 건물에 '왕립(royal)'이라는 타이틀을 하사했다. 이후 여왕의 승인 인장과 그레샴 가문의 황금 메뚜기 조형물을 풍향계에 설치한 왕립거래소는 런던 상업의 중심지이자 명소가 됐다. 1579년 그레샴이 사망하면서 부인 앨리스가 왕립거래소의 임대수입권을 유산으로 상속했다. 1596년 그녀의 유언에 따라 왕립거래소는 시티 당국과 리버리 회사 머서스 컴퍼니(Mercers' Company)의 공동 소유가 됐다. 1596~7년에는 시티 당국에서 선임한 12명과 머서스 컴퍼니에서 선임한 12명 이렇게 총 24명의 위원으로 그랜드 그레샴 합동위원회를 구성했다. 이 위원회가 오늘날에도 왕립거래소 부동산을 소유하고 있다. 그레샴이 건축한 최초의 왕립거래소는 1666년의 런던 대화재로 소실됐다.

런던 대화재 1년 뒤인 1667년 9월 20일, 찰스 2세가 두 번째 왕립거래소의 주춧돌을 놓았다. 첫 번째 왕립거래소와 마찬가지로 상점들이 1층에 입점한 아케이드 형식으로 건축해 1669년 9월 28일 런던시장이 조용히 개관했다. 이 왕립거래소의 커다란 홀에 전 세계의 상인들이 모여 사업을 벌였다. 아케이드로 둘러싸인 홀은 워크(walk)라는 구역으로 구분되어 있었는데, 각각의 워크에서 서로 다른 상품을 거래했다. 증권딜러는 중앙에 있는 찰스 2세의 동상 근처에 워크를 가지고 있었다. 건어물을 취급하는 상인과 이탈리아와 함부르크에서 온 상인들이 증권딜러를 둘러싸고 있었다. 한편, 왕립거래소에 입점해 있던 많은 고급 상점은 18세기에 웨스트엔드로 이전했다. 이들이 떠난 자리를 1720년에 설립된 최초의 해양보험회사 로열 익스체인지 어슈어런스가 차지했다. 이어서 1774년에는 로이

왕립거래소

출처: https://upload.wikimedia.org/wikipedia/commons/9/9f/View_of_
the_stock_exchange%2C_London%2C_1685.jpg

드도 왕립거래소 건물로 이전해 왔다. 이 두 번째 왕립거래소도
1838년 1월 10일 로이드의 사무실에서 발생한 화재로 전소됐다.

현재 런던 시티에 있는 왕립거래소는 윌리엄 타이트가 설계한 세 번째 건물이다. 인접 토지를 추가로 매입해 대지도 확장해 건축했다. 1842년 1월 17일 앨버트 왕자가 주춧돌을 놓고, 1844년 10월 28일 빅토리아 여왕이 참석한 가운데 대규모 개장행사를 열었다. 1851년 독일에서 영국으로 이주한 유태인 폴 줄리어스 로이터가 왕립거래소 건물에서 세계적 통신사인 로이터를 설립하고, 영불해협의 해저 케이블을 통해 파리 주식시장의 정보와 영국의 금융정보를 각지로 송신했다. 왕립거래소는 제2차 세계대전 중에도 비교적 큰 피해 없이 온전히 유지됐다.

현재의 왕립거래소 전경

출처: *https://commons.wikimedia.org/wiki/File:Royal_Exchange_from_above.jpg#mw-jump-to-license*

1980년대에 대대적인 인테리어 개보수를 시행했지만, 첨탑의 풍향계에는 여전히 그레샴 가문의 황금 메뚜기 조형물이 설치되어 있다. 이 황금 메뚜기의 유래에 대해서는 2가지 설이 있다. 13세기 그레샴 가문을 연 선조가 아기 때 노폭의 어느 풀밭에 버려졌는데 지나가던 여인이 메뚜기 떼를 보고 아이를 구해 가문의 상징으로 사용했다는 설과 가명(家名) 그레샴의 음가인 gresh-와 메뚜기(grass-hopper)의 grassy-가 유사해 가문의 문장(紋章)을 메뚜기로 삼았다는 설이다. 어찌 됐든 1500년대 왕립거래소를 설립한 토마스 그레샴 가문의 메뚜기를 첨탑에 계속 설치해 두고 있는 것을 보면 역사와 전통을 중시하는 영국인의 고집이 엿보인다. 현재 왕립거래소 건물은 에르메스, 루이뷔통, 티파니 등 명품상점이 입주한 쇼핑몰로 사용되고 있다.

증권시장의 태동

영국 최초의 주식회사는 세바스찬 캐벗이 신대륙과의 원격지 무역이라는 벤처사업에 상공인들의 자본을 유치하기 위해 1553년 설립한 '신대륙을 향한 상인 모험자의 회사(Company of Merchant Adventurers to New Lands)'라고 알려져 있다. 캐벗은 주당 25파운드짜리 증서를 상공인들에게 팔아 6,000파운드를 조달했다.

이후 영국의 주식회사 수와 자본금이 크게 증가한 것은 1688년 명예혁명 뒤부터다. 주식과 채권 등 증권을 거래하기에 충분한 자금력과 금융지식을 가진 사람의 수도 늘어났다. 1689년까지 영국에는 동인도회사, 로열 아프리칸, 허드슨 베이 등 양허를 받은 15개사 남짓한 주식회사가 약 90만 파운드의 자본금으로 운영되고 있었는데, 이들 회사의 주식은 대개 소수의 부유층이 소유하고 있었다. 1695년에 이르러서는 주식회사가 약 140개사로 증가하고, 그 자본금도 450만 파운드에 달하게 됐다.

로열 러스트링도 이때 설립된 회사 중 하나다. 1689년 프랑스의 태양왕 루이 14세는 명예혁명을 통해 영국의 왕위에 오른 윌리엄 3세를 축출하기 위해 전쟁을 일으켰다. 이로 인해 영국 의회가 프랑스 상품 수입을 금지해 무역이 위축되자 영국 상인들은 프랑스 상품을 대체 생산할 수 있는 회사에 자본을 투자하기 시작했다. 로열 러스트링은 1692년에 아라모드라는 프랑스 의류를 자체 생산하겠다며 주식을 모집해 62,000파운드의 자금을 조달했다.

1694년 6월 21일 의회의 인가를 받아 설립된 영란은행은 이 시기 그 무엇보다 중요한 회사다. 영란은행은 120만 파운드를 정부에 빌려준다는 조건으로 영국 최초의 인가은행이 됐다. 이때 독점적인 은행권 발행 권한도 획득했다. 영란은행은 정부 대출금에 대해 매년 8%의 이자와 관리비용 4,000파운드를 받았다. 정부는 이자와 관리비용을 6개월마다 5만 파운드씩 지급했다. 영란은행 설립을 위한 주식의 공모는 대흥행을 이루었다. 영란은행 홈페이지의 최초 영란은행 주식 청약기록에 따르면 10,000파운드를 공동명의로 청약한 윌리엄 3세와 메리 여왕을 포함해 1,520명이 영란은행 주식의 청약자에 이름을 올리고 있다. 런던증권거래소(이하 이 책에서 런던거래소라고 한다)의 역사를 연구한 더럼대학교의 라놀드 미치[1] 교수에 따르면 실제 청약자는 1,509명이라고 한다. 가명을 사용한 동일인이 있었는지도 모르겠다. 영란은행 주식의 청약은 10일 만에 완료되고, 곧 프리미엄이 붙어 팔려나갔다.

당시 이러한 주식회사가 발행한 주식과 채권의 거래가 증권브로커의 업무였다. 하지만, 브로커에게는 국채의 매매가 더욱 중요했다. 국채의 발행은 주식과 마찬가지로 새로운 현상은 아니었다. 수세기 동안 영국의 엘리자베스 1세를 포함해 유럽의 여러 왕실에서는 재력가로부터 돈을 빌려 왔다. 영국은 1693년 일부는 가입자가 죽을 때마다 남은 가입자의 배당이 증가하는 방식의 톤틴연금 발행을 통해서, 나머지는 연금채권의 발행을 통해 총 100만 파운드의 자금을 조달했다. 이때 발행된 연금채권을 통해서 항구적인 '국채(National Debt)'라는 개념이 처음으로 생겨났다. 툭하면 망하고 채무를 떼먹던 이전의 왕실 채무와 달리 이 국채는 의회가 지급을 보증

---

1 Ranald Michie, The London Stock Exchange: A History, Oxford University Press, 2001.

했기 때문에 안전했다. 세계 최초의 국가가 지급을 보증하는 국채라 할 수 있다. 이때 「약속어음법(A Promissory Notes Act)」 제정으로 국채의 양도가 공식적으로 허용됨에 따라 국채 유통을 위한 영국 증권시장의 형성과 발전에도 지대한 영향을 미쳤다.

1694년 토마스 닐은 의회의 승인을 받아 복권을 발행했다. 총 100만 파운드를 10파운드짜리 복권 10만 매로 분할 발행하고, 나중에 의회가 제공하는 펀드에 의해 상환하는 방식이었다. 복권 소지자는 16년에 걸쳐 매년 지급되는 1파운드의 배당금으로 투자원금을 상환받았다. 이와 함께 매년 당첨자를 추첨해 복권 당첨금 4,000파운드를 나누어 줬다. 16년이 지나면 모든 금전의 지급과 상환을 중지했다. 따라서 이 복권은 투자원금도 모두 상환받고 복권 추첨의 기회도 얻을 수 있어 단순히 일회성으로 소멸하는 복권이라기보다는 일종의 복권부채권이라고 할 수 있다. 이때 사용된 '펀드(funds)'라는 용어도 처음에는 채무 상환을 위해 필요한 기금을 뜻했지만, 나중에는 국공채 자체를 지칭하는 것으로 의미가 변했다.

사실 영국 최초의 국영 복권은 1567년에 엘리자베스 1세가 영국 내 항구를 개선하기 위한 자금 모집을 위해 발행했다. 복권 1매의 가격은 10실링으로 일반시민에게는 큰돈이었다. 복권 구매를 유도하기 위해 복권 소지자에게는 살인죄, 흉악범죄, 해적질과 반역죄를 제외한 모든 범죄에 불체포특권을 약속했다. 경품으로는 5,000파운

드의 현금과 은쟁반을 지급했는데, 400,000매가 넘게 팔렸다. 1699
~1709년까지 짧은 기간 동안 공식적으로 복권 발행이 금지된 적도
있었다. 하지만, 앤 여왕(재위 1702~1714년)은 복권 발행을 통한 자금
조달을 매우 선호했다. 가난한 사람들의 사행심을 부추긴다고 자주
비판받았지만, 영국 정부가 복권 발행을 통해 자금을 조달하는 것
은 하나의 관행이 됐다. 이에 따라 박물관 건축, 교각 보수나 아메
리카 식민지의 프로젝트 수행 등 많은 사업의 자금을 조달할 목적
으로 복권을 발행했다.

1567년 최초의 국영 복권

출처: *http://www.bl.uk/learning/timeline/large102765.html*

증권브로커는 국영 복권을 거래하고, 은행은 복권을 증권으로 받아들였다. 18세기 말에 복권은 노점에서 물건을 사고, 현금 대신 이용할 수 있는 지급수단으로도 사용됐다. 복권 발행이 금지된 1826년까지 영국 정부는 총 3,500만 파운드를 복권 발행을 통해 조달했다. 복권 발행이 금지되자 복권거래를 통해 상당한 수익을 내던 증권업자들은 이를 많이 애석해했다. 이후 1994년 국영 복권을 다시 출시하기 전까지 영국에서 복권 발행은 불법이 됐다.

복권이 증권인지에 대해서는 의문이 있을 수 있지만, 증권으로 보는 것이 타당할 것 같다. 우리나라 복권위원회도 여신전문금융업법 제2조 제3호 법령 해석 사례를 통해 다음과 같이 복권을 유가증권으로 보고 있다.

"복권은 그 당첨의 가능성이 희박하기는 하나 일단 당첨이 된 후에는 일종의 무기명증권으로 볼 수 있고, 비록 당첨되기 이전의 복권도 당첨의 기대를 가지는 조건부적 유가증권의 성격을 가진다고 할 수 있으며, 당첨될 확률이 수학적으로 계산되어 있으므로 이러한 확률에 따른 기댓값 또는 이러한 확률에 따라 실질적인 가치를 계산하여 유통할 수 있기 때문이다."

최초의 증권시세표

런던에서는 16세기에도 주식의 거래가 이루어졌다. 당시 존재하던 소수의 주식회사의 주식이 대상이었는데, 주식의 거래는 공개옥션 방식으로 이루어졌다. 양초의 심지가 타는 시간 동안에만 매수주문이 허용되는 이른바 촛불경매(inches of candle) 방식을 통해서였는데, 촛불경매는 주식을 처분하고자 하는 매도자의 필요에 따라 간헐적으로 시행됐다. 경매는 1인의 매도자에 대해 다수의 매수자가 경합함으로써 매매가 이루어지는 방법이다. 매도자와 매수자가 각각 1인인 상대매매나 각각 다수의 매도자와 매수자가 존재하는 경쟁매매와는 차이가 있다. 따라서, 1:N으로 이루어지는 촛불경매는 매도자의 일방적 공급에 의존할 수밖에 없는 불완전한 시장이고, 유동성과 양도의 투명성 등 완전한 시장의 존재에 필요한 모든 조건이 갖춰져 있었다고 보기도 어렵다. 이 당시 주식의 거래는 온전히 개인 간에 사적 협상을 통해 간헐적으로 이루어졌기 때문에 딜러나 브로커 같은 전문적인 증권업자를 필요로 하지도 않고 일정한 주가 흐름이 형성될 수도 없었다.

1698년 1월에는 존 캐스탱이라는 브로커가 영란은행과 왕립거래소 인근의 콘힐 가와 롬바드 가 사이에 있는 체인지 앨리의 조나단 커피하우스에서 '외환과 기타 것들의 추이(The Course of the Exchange, and other things)'라는 제목으로 외환과 일단의 상품들에

존 캐스탱의 시세표

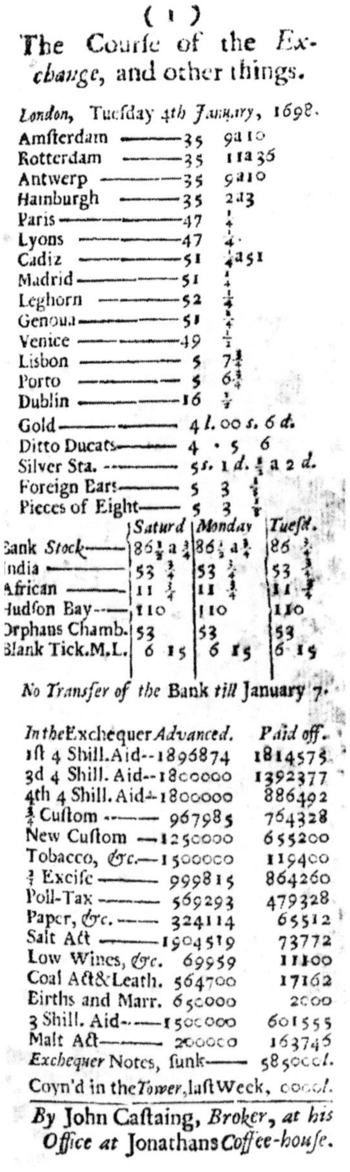

(1)

The Course of the *Exchange*, and other things.

London, Tuesday *4th January*, 1698.

Amsterdam	35	9 a 10
Rotterdam	35	11 a 36
Antwerp	35	9 a 10
Hamburgh	35	2 a 3
Paris	47	¼
Lyons	47	¼
Cadiz	51	¼ a 51
Madrid	51	¼
Leghorn	52	¼
Genoua	51	¼
Venice	49	½
Lisbon	5	7¾
Porto	5	6¾
Dublin	16	½

Gold	4 *l.* 00 *s.* 6 *d.*
Ditto Ducats	4 · 5 6
Silver Sta.	5 *s.* 1 *d.* ½ a 2 *d.*
Foreign Bars	5 3 ⅛
Pieces of Eight	5 3 ⅛

	Saturd	*Monday*	*Tuesd.*
Bank *Stock*	86½ a ¾	86½ a ¾	86 ¾
India	53 ¾	53 ¾	53 ¾
African	11 ¾	11 ¾	11 ¾
Hudson Bay	110	110	110
Orphans Chamb.	53	53	53
Blank Tick.M.L.	6 15	6 15	6 15

No Transfer of the Bank *till* January 7.

In the Exchequer *Advanced.*		*Paid off.*
1st 4 Shill. Aid	1896874	1814575
3d 4 Shill. Aid	1800000	1392377
4th 4 Shill. Aid	1800000	886492
¾ Custom	967985	764328
New Custom	1250000	655200
Tobacco, *&c.*	1500000	119400
3/7 Excise	999815	864260
Poll-Tax	569293	479328
Paper, *&c.*	324114	65512
Salt Act	1904519	73772
Low Wines, *&c.*	69959	11100
Coal Act & Leath.	564700	17162
Births and Marr.	650000	2000
3 Shill. Aid	1500000	601555
Malt Act	200000	163745

Exchequer Notes, sunk — 585000 *l.*

Coyn'd in the *Tower*, last Week, 0000 *l.*

By John Castaing, *Broker*, *at his Office at* Jonathans *Coffee-house.*

출처: https://i.pinimg.com/originals/5d/2b/31/5d2b31c5fee45a8a1265699c58142e49.jpg

대한 유료 시세표를 발행했다. 이 시세표는 정기적으로 매주 화요일과 금요일에 발행했는데, 암스테르담, 로테르담, 앤트워프, 함부르크, 파리, 마드리드, 베니스와 더블린 등 14개 지역의 외환시세를 제공했다. 더불어, 금, 듀카트 금화와 스페인 달러(pieces of eight)[2] 등의 귀금속 시세, 증권 시세 및 담배, 소금, 석탄 등의 상품에 대한 시세도 제공했다.

증권 시세는 전주 토요일, 월요일 및 화요일의 가격을 제공했는데, 영란은행, 동인도회사, 로열 아프리칸, 허드슨 베이 등의 주식과 백만 파운드 복권부채권의 시세가 포함돼 있었다. 캐스탱이 발

2 17~18세기 전 세계 기축 통화의 역할을 했다. 은의 순도가 높아 동전을 여덟 조각으로 잘라 거스름돈으로 사용한 것에서 'pieces of eight'라고 불렸다. 미국 달러의 기원이 된 것으로 알려져 있으며 1857년까지 미국에서 법정 통화로 쓰였다.

간한 시세표로 미루어 짐작하건대 이미 17세기 후반의 런던에는 시장성 있는 증권에 대한 조직화된 거래가 있었다는 것을 알 수 있다. 증권 가격이 포함된 캐스탱의 시세표는 세계 최초의 증권시세표라는 점에서 의미가 있고, 나중에는 런던거래소의 '일간 공식 상장종목 시세표'로 발전하게 된다.

1694년 약제상이자 커피 무역업자였던 존 휴턴은 '농업과 상업 증진을 수필집'에서 옵션거래와 기한부거래(time bargain) 등 상당히 복잡한 내용의 증권거래를 다음과 같이 묘사했다. 기한부거래란 미래의 특정 시점을 결제일로 정해 거래하는 방식으로 오늘날로 치면 선도거래나 선물거래와 유사한데, 당시에는 이를 기한부거래라고 불렀다.

"증권거래 방법은 다음과 같다. 주로 왕립거래소와 조나단 커피하우스에 상주하고 있지만 개러웨이 커피하우스 등에서도 찾을 수 있는 브로커를 찾아가 자본가가 최근의 증권 시세에 관해 묻는다. 자본가가 시세 정보를 받은 뒤 브로커에게 이런저런 주식이나 채권의 이런저런 수량을 이런저런 가격으로 사고팔겠다고 제안한다. 이후, 브로커는 증권을 보유하거나 팔 권한을 가진 사람을 찾아 흥정하고, 가능하다면 거래를 중개한다. 다른 방법으로는 자본가가 브로커에게 묻는다. '내가 증권인수를 포기할 권한을 갖기 위해 당신은 대가로 얼마를 원하는가? 즉, 이런저런 가격으로 6개월 이내 또는 서로가 합의한 시점에 증권을 거래하기로 하고, 해당 증권의 인수 권한이나 인도 권한을 행사(Accept)하거나 포기(Refuse)하려면 당신에게 얼마의 금액을 지급해야 하는가?' 자본가와 브로커는 권리행사의 방법과 거래기한에 관해 기술하고 미리 정해진 형태의 계약서를 주고받는다."

증권업자

17세기 후반 런던에는 이미 상당히 많은 양의 증권이 존재했다. 증권별로 특화된 딜러와 캐스탱의 시세표와 같이 현재가에 대한 정보가 필요할 정도로 상당한 규모의 증권거래도 이루어졌다. 1694년에 출간된 책에는 증권죠빙(stock-jobbing)을 그 주제로 삼고 있는 것도 꽤 있다. 증권죠빙이란 직업(job)으로써 증권을 사고파는 것을 뜻한다. 증권매매를 업(業)으로 하는 자를 죠버(jobber)라 했다. 현재의 딜러(dealer)와 유사한 개념이지만, 죠버는 일반적으로 포지션을 다음날로 이월하지 않고 당일에 모두 청산했기 때문에 소규모로 운영하면서 별도의 사무실을 두지 않고 객장(floor)에서만 영업하는 것이 가능했다.

이 당시만 해도 증권업자인 죠버와 브로커의 기능이 명확히 구분되지는 않았다. 죠빙은 일반적으로 증권거래에 적용되는 용어였다.

죠버는 '국공채의 매매를 통해 돈을 버는 저열한 사람'이라고 해서 18세기 내내 경멸적인 의미로 사용됐다. 상대적으로 브로커에게는 그리 적대적이지 않았다. 브로커는 현재와 마찬가지로 중개업무를 하는 대리인을 의미했는데, 이 당시 브로커는 주식과 채권뿐만이 아니라 일반상품, 선적화물 등의 상품도 취급했다. 브로커는 런던시장과 시티의 앨더맨에게 면허를 받아야만 했다.

1693~95년 주식회사 설립 붐이 일어났지만, 신생 주식회사는 대부분 실패했다. 무분별한 주식회사 설립에 대한 불만이 팽배하자 의회는 1696년에 영국의 상거래를 조사하기 위한 위원회를 설치하고, 증권죠빙을 다음과 같이 비난했다.

"증권죠빙의 기술은 악성적이다. 회사와 기업의 개념을 최초 발기인과 청약자만을 부유하게 만들어 줄 뿐 그 외에는 전혀 쓸모가 없는 것으로 왜곡시킨다. 최초 발기인과 청약자는 주식과 관련해 거짓과 인위적으로 유포한 소문에 이끌려 온 무지한 사람들에게 해당 주식을 내재가치보다 높은 가격으로 매도한다."

이어 의회는 1697년 「브로커와 증권죠버의 수 및 나쁜 관행을 억제하기 위한 법(An Act to Restrain the Number and Ill Practice of Brokers and Stock-Jobbers)」을 제정했다. 법은 서문에서 최근 브로커와 증권죠버가 출현해 단기채권, 영란은행 주식, 은행어음 및 주식회사의 지분이나 채권을 팔거나 할인하는 업무에 있어 불공정한 관행을 자행하고 있다고 명시하고, 이들 증권업자가 자신들의 이익을 위해 해당 증권의 가치를 올리거나 내리기 위해 불법적으로 연합하고 있다고 비난하면서 증권브로커의 숫자를 총 100명으로 제한했다.

당시 증권브로커는 은행가, 금세공업자 또는 영란은행과 동인도회사의 명의개서 담당 서기 등이 부업으로 겸하고 있었는데, 이제는 법에 따라 증권브로커는 반드시 런던시장과 시티의 앨더맨에게 면허를 받아야 했다. 증권브로커는 거래당사자 사이에서 진실하고 충실하게 업무를 집행하고 수행하겠다고 서약하고, 시티 당국에 면허세를 내며, 위법행위가 있는 경우에는 500파운드를 몰수한다는 계약을 맺었다. 증권브로커는 면허의 증표로서 은메달을 소지하고, 누구든지 면허 없이 증권중개 업무를 하는 자는 위반행위에 대해 500파운드의 벌금을 부과받았다. 또한, 무인가 증권브로커는 3일간 매일 1시간씩 의무적으로 대중의 웃음거리가 돼야 했다. 당시에도 증권브로커의 평판 리스크는 중요했던 모양이다.

1708년에는 법을 개정해 매년 증권브로커들이 보고서도 제출하도록 하고, 유태인 브로커의 수도 최대 12명으로 제한했다. 시티의 증권업자들은 법상 브로커 숫자 제한에 몹시 분개하고, 법을 지키려 하지 않았다. 증권브로커 대부분이 법을 무시했기 때문에 별다른 효과를 거두지는 못했지만, 법은 계속 존속하다가 1867년이 돼서야 마침내 폐지됐다.

1698년 증권업자들은 왕립거래소를 떠났다. 그 퇴거 이유가 분명하지는 않지만, 증권브로커가 전쟁과 정치적 사건에 대한 잘못된 소문을 유포하고, 도박으로 무고한 사람들을 파멸로 이끌어 왕립거래소의 목적을 남용했다는 비난을 받으면서 왕립거래소에서 쫓겨난 것으로 알려져 있다. 증권업자의 수가 급격히 늘어난 것은 분명하고, 왕립거래소 건물도 사람이 너무 많아 복잡한 것은 확실했다. 하여간 쫓겨난 것인지 자발적으로 나온 것인지 그 이유가 무엇이든지 간에 브로커와 딜러 등 증권업자는 왕립거래소를 떠나 인근의 콘힐 가와 롬바드 가 사이에 조나단 커피하우스, 개러웨이 커피하우스와 여러 커피하우스가 위치한 구불구불한 골목길로 발길을 돌렸다. 골목길의 명칭은 Exchange Alley의 축약어 'Change Alley에서 점차 어퍼스토로피(')가 사라지면서 체인지 앨리가 됐다. 구불구불한 길도 나중에는 반듯해졌다.

영란은행이 바로 위에 있고, 한적하고 충분한 여유 공간이 있어 편리한 체인지 앨리는 사실상 증권거래와 동의어로 사용되다가 나중에는 증권거래소 자체를 지칭하게 됐다. 시티 당국은 1700~01년에 체인지 앨리에서 모이는 것으로 추정되는 증권업자들의 증권거래를 중단시키려 했다. 하지만, 당국의 단속 시도는 실패하고, 체인지 앨리에서의 증권거래는 200년이 넘는 기간 계속됐다.

체인지 앨리

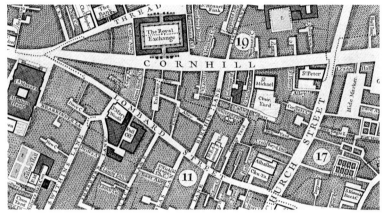

출처: https://upload.wikimedia.org/wikipedia/commons/2/2f/Exchange_Alley_-_London.jpg

남해회사 버블

영국에서 1690년대 중반 주식회사 설립 붐을 타고 우후죽순처럼 설립된 신생 주식회사 대부분은 곧 사라졌다. 1693년 영국에 있던 140개사의 주식회사 가운데 1697년까지 계속 존속한 회사는 단지 40개사에 지나지 않는다. 70%의 주식회사가 허공으로 사라져버렸다. 하지만, 동인도회사와 같이 살아남아 번창한 회사도 있다.

1711년에는 네덜란드의 튤립 투기와 함께 버블의 대명사로 불리는 남해회사(South Sea Company)가 '남해와 아메리카의 다른 지역과 거래하고 어업을 촉진하는 대영제국 상인들의 통치자와 회사'라는 이름으로 설립됐다. 그간 영국 상인들은 남미의 스페인 식민지에 노예를 공급해 왔다. 아프리카 해안지대에서 노예를 사서 자메이카로 운송한 뒤 포르투갈 노예 상인에게 팔았다. 영국 상인들은 밀수거래를 하기도 했다. 스페인 왕위 계승 전쟁 뒤 스페인과의 평화 가능성을 엿본 영국 상인들은 스페인 식민지와의 직접 거래를 희망했다. 스페인 식민지와의 거래가 인도보다 수익성이 높으리라 생각했기 때문이다.

남해회사는 전쟁 비용으로 발생한 정부의 900만 파운드 상당의 미상환 국채를 주식으로 전환했다. 의회는 남해회사에 매년 6%의 이자 총 568,000파운드와 스페인 식민지와의 무역 독점권을 부여했다. 당시 국채는 장기연금채권, 단기연금채권 및 상환채권 3가지 종류가 있었다. 장기연금채권은 채권보유자가 죽을 때까지 연금이 지급되는 종신연금으로 만기는 89년, 96년 및 99년이었다. 단기연금채권의 만기는 32년이었다. 이러한 연금채권은 수령자의 동의가 없이는 만기까지 상환될 수 없는 사실상 무기상환채권이었다. 한편, 상환채권의 금리는 4%와 5% 수준이었다. 영국 국채의 미상환 잔액은 약 3,100만 파운드로 정부의 상환 부담이 컸다. 이에 따라 국채를 남해회사 주식으로 전환하고 주가 조작을 허용하자는 제안이 '남해회사 버블'이라는 투기를 촉발했다.

국채의 남해회사 주식 전환은 1711년, 1719년, 1720년 세 차례에 걸쳐 시행됐다. 남해회사 버블은 1720년의 주식 전환에서 발생했는데, 무기상환채권의 보유자에게 주식으로 전환 신청을 받고, 이어 상환채권의 보유자에게도 전환 신청을 받았다. 이때 무기상환채권의 80%, 상환채권의 85%가 주식으로 전환됐다. 이로써 약 3,100만 파운드의 미상환 국채 중 약 2,600만 파운드가 액면총액 약 850만 파운드의 남해회사 주식으로 전환됐다.

주식 전환은 주가를 끌어올리면서 진행됐다. 주가가 오를수록 적은 수의 주식으로 국채를 인수할 수 있고, 이렇게 해서 얻어진 이익을 회사와 정부가 나눠 가질 수 있었기 때문이다. 정부는 남해회사에 무역 독점권을 부여하는 대가로 낮은 이자를 지급했다. 회사는 당시의 회계 관행에 따라 액면가 100파운드와 발행가의 차액, 즉 주식 발행 초과금을 이익으로 인식했다. 채권보유자는 시장성이 떨어지는 연금채권을 액면가에 주식으로 전환하고, 주가가 오를수록 커지는 차액을 챙겼다. 결국, 국채의 남해회사 주식 전환은 정부, 회사, 채권보유자 모두가 주가를 끌어올리는 데 묵시적으로 동의했기 때문에 가능했다. 남해회사의 주식가격은 투기와 버블의 모습을 잘 보여준다. 주가는 1720년 1월 128.5파운드, 3월 330파운드, 5월 550파운드, 6월 890파운드, 7월 1,000파운드, 9월 175파운드, 그리고 12월에는 124파운드가 됐다. 4월 가지고 있던 남해회사의 주식을 매각해 수익률 100%에 달하는 7,000파운드의 이익을 실현해 쏠쏠한 재미를 본 뒤 다시 거액을 고점에 투자했다가 현재의 가치로

20억 원에 달하는 20,000파운드의 큰 손실을 본 과학자 뉴턴이 '천체 별의 움직임은 측정할 수 있어도 사람들의 광기는 알 수 없다'라고 했다는 것이 바로 이 시기다. 생의 마지막 순간까지 뉴턴에게 남해회사라는 이름은 트라우마가 됐다고 한다.

뉴턴의 남해회사 투기

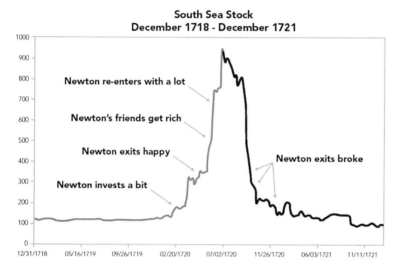

출처: *https://sbsbllc.com/process-versus-prediction-during-a-bear-market-part-i/*

다른 주식회사로 청약자금이 흘러가는 것을 막기 위한 남해회사의 선동으로 의회는 「버블 방지법(The Bubble Act)」을 제정했다. 투기억제를 위한 의회의 대응이라는 해석도 있지만, 매일 같이 버블 기업이 생겨나 남해회사가 필요로 하는 현금을 고갈시키고, 이로 인해 주가가 하락할 것을 우려한 남해회사 공작의 결과로 보는 것이 더 일반적인 해석이다. 남해회사로서는 다른 버블 경쟁기업을 견제할 수단이 필요했기 때문이다. 버블 방지법은 이미 존재하던 법률에 일부 조항을 추가하고, 일반 투자자를 보호한다는 명분을 걸었다. 의회의 명시적인 승인이 없는 주식회사의 설립이 금지됐다. 이 규제는 1856년까지도 계속됐다. 의회의 인가가 있더라도 다른 목적으로 인가를 받아 영업하는 회사는 불법이 되고, 이들 회사의 주식에 대한 모든 거래는 무효라고 규정했다. 법률 위반에 대해서는 교황 존신죄(로마 교황이 영국 국왕보다 우월하다고 주장하는 왕권 멸시죄)로 종신형에 처하거나 모든 재산을 압류할 수 있도록 처벌도 확대했다. 의회의 인가 없이 불법적으로 설립된 회사의 주식을 매매하는 증권브로커는 500파운드의 벌금에 향후 브로커로서의 활동을 금지했다. 법률은 1720년 6월 발효됐다.

초기에는 투자자들이 이미 설립된 명망 있는 주요 주식회사에는 이 법이 적용되지 않으리라 생각했기 때문에 주식가격이 일시적으로 하락하는 정도에 그쳤다. 하지만, 8월부터 본격적인 폭락이 일어났다. 유명한 회사들에 대해서도 법적 절차가 진행됐기 때문이다. 원래는 상수도에 관한 인가를 받고 부동산 투기를 했던 요크빌딩과 실크 제조업 인가를 받고 보험으로 사업을 전환한 로열 러스트링이 포함돼 있었다. 프랑스의 자금 부족과 재정 문제로 인해 금융시장이 불안정했던 시기에 이러한 회사들에 대한 기소 소식은 버블의 붕괴를 촉발했다. 주식을 공모했던 주식회사 대부분이 실패했다.

토지, 장비, 동산 등 실물자산에 투자했던 일부 회사만 살아남았다. 주식시장의 패닉은 남해회사에도 역풍이 돼 돌아왔다. 여름이 끝날 때쯤 남해회사도 더는 주가 부양을 위해 동원할 수단이 사라졌다. 내재가치가 없는 회사는 인위적인 부양책만으로 영원히 상승할 수 없다. 남해회사는 곧 활력을 잃어버리고 쇠락한 회사가 됐지만, 새로운 경영진 아래에서 1세기 이상 계속 존속했다. 1748년 이후에는 대외 무역업무를 완전히 중단하고 사실상 재무부 산하단체로 있다가 마침내 1854년에 청산됐다.

악마는 마지막에 남은 자를 데려간다

버블이 터지면서 뉴턴의 경우처럼 대부분 투자자의 부는 연기처럼 사라졌다. 하지만, 남해회사의 영원한 주가 상승을 믿지 않은 사람도 있었다. 남해회사 버블 시기에 제2차 세계대전의 영웅 윈스턴 처칠 총리의 9대조 할머니인 말버러 공작부인 새러 처칠은 다른 투자자들이 주식에 돈을 쏟아붓고 있는 동안 주식가격이 과대평가됐다는 것을 깨닫고, 1720년 5월 보유하고 있던 남해회사 주식을 팔아 10만 파운드를 벌었다. 현재의 가치로 환산하면 100억 원이 넘는다고 한다. 새러 처칠의 절묘한 매도 타이밍은 본능적 직감이었을까, 단순한 운이었을까?

도서판매점을 운영하던 토마스 가이도 원래는 선원 전표를 거래했다. 정부는 현금 대신 선원들에게 전표를 지급했는데, 전표는 언제나 현금으로 바꿀 수 있는 것은 아니었다. 가이는 선원들이 항구를 떠날 때 전표를 할인된 가격에 매입해 정부가 자금 여유가 있을 때 현금으로 교환했다. 가이는 이 방식을 통해 상당한 돈을 모았다. 또한, 1720년 4~6월 사이 6주간에 걸쳐 54,000파운드의 남해회사 주식을 처분했다. 단 한 번도 건당 1,000파운드 이상의 매도주문을 내지 않을 정도로 신중하게 남해회사 주식을 매각해 큰돈을 벌었다. 가이는 1724년 사망하면서 재산의 절반 이상을 '가이스 병원(Guy's Hospital)' 설립에 기부했다. 누군가는 이 병원을 '남해회사 버블의 가장 훌륭한 기념물'이라고 칭하기도 한다. 한편, 2020년 6월 런던시는 '흑인 목숨도 소중해(Black Lives Matter)' 시위가 격화되자 설립자를 기려 병원에 세워져 있던 토마스 가이의 동상 철거를 결정했다. 가이가 스페인 식민지에 노예를 판매했던 남해회사를 통해 부를 축적했다는 이유에서였다.

주식을 통해 손쉽게 돈을 벌 수 있다는 유혹은 강렬했다. 모든 주식의 가격이 올랐다. 1719년 9월부터 1720년 8월까지 거의 200여 회사의 주식이 발행됐다. 여러 회사가 다양한 물건을 생산하거나 외국과의 무역을 위해 주식을 발행해 자본을 모집했다. 이 중에는 신중하게 투자해야 하는 회사가 많았다. 노상에서 강도에게 입은 손실을 보상하거나, 종업원의 절도에서 고용주를 보상하는 보험회사와 같이 엉뚱한 회사도 있었다. 또한 스페인에서 나귀를 수입해 영국의 짐수레 말과 교배해 품종 개선을 시도하려는 회사 따위도 있었다. 지난 100여 년간 수익성이 없었던 어업과 관련된 회사도 많았다. 대다수의 사업구상은 잘못됐고, 일부는 완전히 사기적이었지만, 투기적 심리가 영국을 휩쓸었다.

16세기 초 격언에 '악마는 마지막에 남은 자를 데려간다(The Devil take the hindmost)'라는 말이 있다. 숲속에서 굶주린 곰에게 쫓길 때는 곰보다 빨리 뛰어서 도망갈 필요는 없다고 한다. 무리 중의 한 사람보다만 빠르면 되고, 자신보다 느린 마지막 바로 그 사람을 희생양으로 삼으면 되기 때문이다. 사람들은 최소한 자신이 마지막 사람보다는 빠를 것으로 생각한다. 버블이 터지기 전 자신보다 더 느리고 어리석은 마지막 사람에게 주식을 팔고 나올 수 있다고 자만한다. 내재가치와 상관없이 투기로 폭등하는 주식에 거리낌 없이 거액을 투자하면서 자신이 마지막 사람은 아니라고 굳게 믿는다. 하지만, 이제 세상에는 자신보다 더 느린 사람은 없다. 폭락을 겪고 나서야 악마가 데려갈 세상 가장 어리석은 사람이 바로 자기 자신이라는 것을 깨닫는다.

황소와 곰

투자자들은 잠시 투기에서 벗어났다. 하지만, 큰돈을 벌고 있던 증권업자에 대해 불신이 커졌다. 당시의 익살극에서는 굉장히 상투적인 캐릭터로 증권업자가 등장한다. 수잔나 센트리버의 1718년 희극 〈아내를 위한 대담한 노력〉의 제4막에 조나단 커피하우스가 등장하는데, 브로커와 증권죠버가 주식과 채권을 거래하고 어카운트의 차액을 결제하는 장면이다. 옵션, 황소(bull)와 곰(bear)이라는 용어도 언급된다. 황소와 곰은 18세기 초반에도 이미 사용되고 있었다.

서울 여의도 한국거래소 신관 로비에도 커다란 '황소와 곰' 청동 동상이 세워져 있다. 주가 상승론자를 의미하는 황소와 하락론자를 의미하는 곰이라는 용어의 어원이 분명하지는 않다. 가장 대중

한국거래소의 '황소와 곰' 동상

적으로 알려진 설은 황소와 곰이 다른 동물을 공격하는 모습에서 유래했다는 것이다. 황소는 뿔을 쳐들어 상대를 공격하고, 곰은 앞발을 들어 아래로 내려치는 방법으로 공격하는 모습이 상승장과 하락장의 모습과 닮았다는 것이다. 다른 한편으로 곰은 18세기 영국에서 곰 사냥꾼들이 가격 하락을 예상하고 '잡기도 전에 곰 가죽을 판다(To sell bear's skin before one has caught the bear)'라는 옛 속담에서, 황소는 강세를 의미하는 독일어 'bullen'에서 유래했다는 설도 있다. 황소는 상대적으로 곰보다 늦게 증권시장에서 통용되기 시작했는데, 아마도 곰과 대비하는 동물을 찾은 듯하다.

조나단 커피하우스

1680년경 조나단 마일스가 설립한 조나단 커피하우스는 상인과 증권업자가 재빨리 사업장으로 이용했다. 1748년 조나단 커피하우스가 위치한 체인지 앨리 지역에 화재가 발생했지만, 커피하우스 이용자들이 기부금을 모금해 체인지 앨리를 신속히 복구했다. 오스트리아 계승 전쟁이 끝난 1748년 무렵이 되면서 런던 증권시장은 조나단 커피하우스에 굳건히 둥지를 틀었다. 영국이 프로이센을 지원해 오스트리아 합스부르크와 싸운 7년 전쟁(1756~63년)의 전비 조달을 위해 국채가 발행되면서 전체 국채 규모가 증가하고, 조나단 커피하우스에서 거래되는 국채의 거래량도 늘어났다. 복권 판매가 재개되면서 대중 복권도 다시 등장했다.

암스테르담증권거래소에서 유래한 Rescounter Day라는 분기 결제도 1740년대에 제도화됐다. Rescounter는 '계좌의 결제'라는 의미의 영어 폐어다. 당시에는 현금결제 방식의 결제도 가능하고, 결제이연(continuation)과 증권인도 유예(backwardation) 방식의 결제가 모두 가능했다. 결제이연은 결제일에 결제대금을 지급하는 대신에 최초 거래일과 결제일 가격 간의 차액을 지급하고, 다음 결제일까지 결제를 연장하는 방법이다. 따라서 매수자는 증권인수에 충분한 자금을 확보하거나, 매수한 증권의 가격이 올라 매매차익이 생길 때까지 소액의 이연금을 지급하고 결제일을 계속 연장할 수 있었다. 일종의 증거금 거래라고 할 수 있다. 다만, 이때까지는 결제이연을 '콘탱고(contango)'라고 부르지는 않았다. 콘탱고라는 용어는 19세기 중반부터 사용되는데, 'continuation' 또는 'contingent'에서 변형된 용어로 추정된다. 콘탱고는 매수자가 결제 연기를 원할 때 매도자에게 지급하는 수수료인데, 매도자는 결제대금으로 수취할 수 있는 이자액만큼을 수수료로 받았다. 현재 선물시장에서 사용하고 있는 콘탱고, 즉 최근월물보다 차근월물이 가격이 비싼 상태와는 의미상의 차이가 있다. 증권인도 유예를 통해서는 소정의 유예금을 지급하고 증권인도를 다음 결제일까지 연장할 수 있었다.

1761년 토마스 모티머는 『모든 사람이 자신의 브로커, 익스체인지 앨리 가이드』라는 인기 서적을 출간했다. 18세기 후반기 증권업의 양태를 잘 기술한 책이다. 1756년 조나단 커피하우스에서 겪은 불행한 개인적 경험담에 기초했다고 한다. 그래서인지 죠버에 대해 매우 비판적이다. 모티머는 죠버를 세 부류로 구분했다. 첫째, 영국채권에 투자하는 네덜란드인 등의 외국인, 둘째, 영국의 젠틀맨, 상인과 무역업자, 마지막으로 신용으로 거래하는 증권브로커, 즉 죠빙브로커였다. 모티머는 이 중에서 죠빙브로커가 증권 가격의 변동을 일으키는 주범이라고 비난했다. 모티머는 죠빙브로커 중 2/3는 무면허 브로커이고, 이들은 중개인으로서뿐 아니라 계약의 당사자로도 활동하면서 오로지 자신들 서로 간에만 거래한다고 기록했다.

투자자 수가 늘어나고 증권의 발행 규모가 커지면서 은행, 보험사, 어음브로커 및 해외고객의 주문을 위탁 처리하는 증권브로커의 업무가 늘어났다. 자기매매도 늘었다. 브로커들은 대중의 비난과 공매도, 기한부거래와 옵션거래를 금지한 「버나드법」처럼 브로커에게 적대적인 법률이 제정되면서 대금지급과 증권인도라는 증권거래의 완결성을 확보하기 위해서는 신원이 확실하고 믿을 수 있는 상대방과 거래해야 했다. 당시 법률에 따르면 기한부거래는 불법 행위이자 도박이었기 때문에 법적으로 그 거래의 이행을 강제할 수 없었다. 따라서, 명망 있고 평판이 확실한 브로커 간에 자체적인 규약을 제정하거나, 확실하게 증권거래를 완결할 수 있는 환경을 마련해야만 했다. 이를 위해 1761년 약 150여 명의 증권업자가 조나단 커피하우스의 소유주에게 1인당 연간 8파운드라는 상당히 큰 금액을 이용료로 지급하고, 매일 2~3시간씩 증권거래를 위해 커피하우스를 독점적으로 임차했다. 증권업자 전용클럽을 만든 셈이다.

1763년의 조나단 커피하우스

하지만, 이 클럽은 그리 오래가지 못했다. 1762년에 조나단 커피하우스는 이전부터 정부증권을 매매하는 시장이었기 때문에 증권의 매매를 원하는 사람이라면 누구라도 조나단 커피하우스에 출입할 수 있어야 한다는 법원의 판결을 받았다. 클럽에 들어가지 못한 사람들의 반발 때문이었다. 한편, 당시 조나단 커피하우스를 묘사한 그림을 보면 오른쪽 위 모퉁이에 조그마하게 증권을 거래하는 사람들을 쳐다보고 있는 악마의 모습을 그려 넣은 것이 흥미롭다. 신이 나서 마지막에 남을 자를 찾고 있는 것 같다.

증권업자 전용건물

증권업자들은 영란은행의 건물 정비계획에 따라 매물로 나온 왕립거래소 옆 스위팅스 앨리의 땅에 독자 건물을 짓고 전용클럽을 만들기로 했다. 이제는 너무 붐비고 소란스럽게 변해 버린 조나단 커피하우스를 떠나기 위해서였다. 이를 위해 쓰레드니들 가에 접한 5개 건물을 매입해 기존 건물을 모두 헐고, 1773년 7월 쓰레드니들 가에 접한 약 11m 너비의 3층 건물을 지어 문을 열었다. 1층에는 딜링룸 그리고 2층에는 커피룸을 두었다.

1762년의 법원 판결을 고려해 하루 6펜스의 입장료를 내면 누구라도 건물에 출입할 수 있도록 했다. 입장료 6펜스는 이전에 조나단 커피하우스에 지급했던 1인당 연간 임차료 8파운드를 고려해 책정한 듯하다. 매주 6일 동안 건물에 출입한다고 가정하면 1년 동안의 총비용은 대략 약 7.8파운드가 되기 때문이다. 건물 소유주들은 입장료 수입을 통해 건축 비용과 건물 유지관리 비용을 회수했다. 이

스위팅스 앨리의 전용건물

건물은 잠시 '뉴 조나단'이라고 불렸지만, 한 달도 되지 않아 현관 위에 '증권거래소(The Stock Exchange)'라는 글자를 각인했다. 건물소유주위원회와 회원자치위원회가 있었다는 것 외에는 이 조직의 운영과 관련해 자세히 알려진 것은 없다. 입장료를 내는 사람은 모두 출입이 가능한데, 어떻게 이용자인 증권업자를 대표하는 회원자치위원회를 구성했는지도 불분명하다.

스위팅스 앨리의 증권업자 전용건물은 큰 성공을 거두지는 못했다. 독자적인 건물에서 모여 증권거래를 했으므로 커피하우스와는 차별화가 이루어졌지만, 거래 질서 확립을 위한 내부규정이 부재했던 것으로 미루어 보건대 정식 거래소라고 할 수도 없을 것 같다. 하지만, 증권업자들이 독자적인 전용건물을 지은 것은 런던에 증권거래소라는 것이 어느 정도 형식을 갖춰 가기 시작했다는 점에서 의미가 있다.

증권업자 전용건물의 설립에도 불구하고 인근의 커피하우스나 영란은행의 로툰다에서는 계속 증권거래가 이루어졌다. 영란은행의 로툰다는 1764년에 처음 건축됐을 때부터 정부증권의 거래를 위한 시장으로 이용됐다. 1795년에 1년 12개월을 나타내는 여인상이 조각된 12개의 기둥에 대략 지름 17m의 원형의 둥근 지붕을 가진 건물로 재건축됐다. 영란은행 주식이나 3% 콘솔과 같은 증권의 거래를 위해 특별히 할당된 각각의 사무실이 중앙 홀에서 분기돼 위치했다. 영란은행의 로툰다에서 브로커들이 '저쪽에 있는 하우스(over the house)', 즉 스위팅스 앨리의 증권업자 전용건물에 있는 동료를 지칭하면서 '하우스'라는 용어가 증권거래소 또는 증권회사와 동의어로 사용됐다고 한다. 한편, 커피하우스에서 하우스라는 말이 파생됐다는 설도 있다.

콘솔은 만기일이 없는 영구국채를 이르는 별칭이다. 영국 의회는 그간 다양한 이자율의 여러 국채가 발행되면서 이자 관리에 어려움이 생기자 1751년 법을 제정해 기존의 모든 국채를 금리 3%(1888년에 2.75%, 1902년에 2.5%로 금리를 인하했다)의 통합연금채권으로 통합했다. 이 통합연금채권(Consolidated annuity)에서 '콘솔(Consol)'이라는 용어가 유래했다. 영국의 콘솔은 만기가 없는 영구채지만, 영국 정부가 조기상환 콜옵션을 보유하고 있어 시시때때로 낮은 금리의 다른 국채로 전환하거나 상환하다가 마침내 2015년에 모든 콘솔을 상환했다.

정부브로커

1786년 7월 11일 국채감축위원회는 벤저민 콜을 정부브로커로 선임했다. 국채감축위원회의 대리인으로 영란은행의 에이브러햄 뉴랜드는 출납업무를 담당했다. 정부브로커에는 3% 영란은행 채권이나 신구(新舊) 남해회사 연금채권을 해당 증권의 가장 유리한 가격으로 매수하라는 지시가 내려졌다. 국채감축위원회는 정부브로커에 거래 건당 수수료 대신 연간 400파운드의 정액 수수료를 지급했다. 1786년 정부브로커 콜은 국채감축위원회를 대리해 25만 파운드의 증권을 거래했다. 1798년에는 거래 규모가 55만 파운드로 증가했다.

1801년에는 같은 이름을 가진 아들 벤자민 콜 주니어가 파트너인 피터 템플먼과 공동으로 정부브로커의 지위를 승계하고, 템플먼 콜 & 컴퍼니가 됐다. 이들은 런던거래소의 전신이 되는 증권거래회원단의 회원으로도 참여했다. 국채 규모가 증가하면서 1806년 정부브로커의 거래 규모도 800만 파운드를 넘어섰다. 거래 규모 증가에 따라 정부브로커에 대한 정액 수수료도 연간 400파운드에서 750파운드로 인상됐다. 1829년 3월에는 멀린스에서 윌리엄 허버트가 최초로 정부브로커로 참여했다. 템플먼 콜 & 컴퍼니는 멀린스 & 컴퍼니가 됐다. 이후 영국 정부와 멀린스의 밀월 관계는 1986년 3월 나이젤 알트하우스가 정부브로커의 기능을 영란은행으로 이전할 때까지 계속됐다.

여정의 시작

1789년 프랑스 혁명과 나
폴레옹 전쟁이 유럽을 뒤흔들었다. 전 세계에서 가장 발전된 증권시
장을 운영하던 네덜란드 암스테르담과 프랑스 파리는 심각한 타격
을 입었다. 파리의 금융 시스템은 극심한 혼란에 빠지고, 프랑스의
은행가와 자본가는 암스테르담과 런던으로 앞다투어 망명했다.
1793년 파리증권거래소는 문을 닫았다. 다른 나라도 전쟁과 혁명이
잇따랐다. 1795년 나폴레옹의 프랑스군이 암스테르담을 점령하면서
암스테르담에서 런던으로 금융인들의 추가적인 탈출이 일어났다.
이로 말미암아 세계 최초의 증권거래소를 설립했던 파리와 암스테
르담은 글로벌 증권시장에서 선두 주자의 자리를 상실하게 됐다.

반면, 영국은 대륙의 혼란이 극심해지면서 호기를 맡게 됐다. 유
럽의 은행가와 자본가가 대거 런던에 이주해 정착했다. 이때 영국
에 망명한 사람 중에는 금융시장의 전문가가 많았다. 프랑크푸르트
유태인 빈민가 출신의 네이선 로스차일드도 이때 런던으로 망명했

다. 유럽 대륙에서 전쟁이 길어지고 정치적인 불안이 커질수록 런던 금융시장의 매력은 높아졌다. 유럽 대륙의 부와 재능이 섬나라 영국으로 이전되면서 런던은 도약의 계기를 맞았다. 마침내, 파리와 암스테르담을 제치고 유럽의 독보적인 금융센터로 우뚝 설 기반을 마련한 것이다.

증권거래회원단

1797년 영국에서 본위화폐인 정화의 지급이 정지되는 금융 패닉이 발생했다. 이로 인해 영국 국채와 영란은행 주식가격은 반 토막이 됐다가 이듬해가 돼서야 겨우 회복할 수 있었다. 하지만, 증권거래 규모는 계속 증가했다. 금융시장에서 흔히 쓰이는 '패닉(panic)'이라는 용어는 그리스 신화의 '판(Pan)'에서 유래한 것으로 알려져 있다. 판은 숲과 목양(牧羊)의 신으로서 인간의 얼굴에 염소의 뿔을 달고 있고, 온몸이 털로 덮여있으며, 꼬리를 가지고 있다. 판에게는 밤길의 어둠과 고요한 적막과 같이 사람이나 가축을 별 이유 없이 갑작스럽게 공포에 사로잡히게 하는 능력이 있었다고 한다. 판이 사랑하는 요정 시링크스(Syrinx)가 변한 갈대를 이어붙여 만든 악기에서 팬파이프라는 이름도 유래했다고 한다.

1798년 12월 스위팅스 앨리의 하우스에서 브로커와 죠버의 이익

숲과 목양의 신 '판'

Iouis siue Panos Hierogly-
phica repræsentatio.

A Facies rubicunda, caloris vis in Mundo.
B Radiorum cœlestium in sublunaria vir-
C Elementa masculina.   (tus.
D Potestas in annu omnesq; reuolutiones.
E Virtute eius omnia fulciuntur.
F Dominium in firmamentum, seu fix-
    rum stellarum sphæram.
G Terra (elementum fœmin.) hispidu
    plantis, satis, arboribusque.
H Aquæ & liquoris sons (elem. fœm.) ri-
    gatione fœcundans terram.
I Agri, segetes, aliaque vegetabilia.
K Harmonia 7. Planetarum.
L Aspera & inæqualia montes indicant.
M Vis fœcunditatiua.
N Stabile fundamentum.
O Vis ventorum, & celeritas in agendo.

출처: https://upload.wikimedia.org/wikipedia/commons/9/97/Greek_
deity_Pan_-_Oedipus_Aegyptiacus.jpg

을 대변하던 회원자치위원회는 파산회원을 시장에서 격리하고, 회
원에 대한 엄격한 규율을 행사하길 원했다. 비상근인 회원자치위원
회의 업무 부담은 여러 분쟁 사건 조정과 사기 사건 조사로 인해 커
지고 있었다. 회원자치위원회 업무에 너무 많은 시간을 뺏겨 본업인
브로커/죠버 업무에 차질이 생기자 회원자치위원회는 마침내 행정

업무를 전담하는 상근 사무장을 선임하고, 하우스 건물을 이용하는 사람 1인당 5실링을 징수해 사무장에게 연간 급여 10기니[3]를 지급하기로 했다. 5실링의 추가적인 비용 부담에 이용자들의 반발이 일어났다. 이에 따라 상근 사무장 선임 계획은 교착상태에 빠졌다. 1801년 1월 7일 건물소유주위원회는 최소 200명의 회원에게 연간 10기니를 수취하는 회원 전용 '증권거래회원단(The Stock Subscription Room)'으로 조직을 전환해 문제를 해결하자고 제안했다. 건물소유주들은 최소 200명의 회원에게 연회비를 받으면 투자 수익을 확보하고, 건물 유지관리 비용도 충분히 감당할 수 있다고 보았다. 회원자치위원회에 회원 가입 승인에 관한 규정의 제정을 담당할 통합위원회 구성을 제안했다.

회원자치위원회는 일주일 뒤 이 계획에 찬성했다. 그리고 1801년 2월 27일에 누구나 이용할 수 있는 공개시장으로서의 하우스는 폐쇄하고, 1801년 3월 3일 화요일부터는 연회비 10기니를 수취하는 회원만의 폐쇄적인 증권거래회원단으로 개편하기로 했다. 증권거래회원단에 가입하고자 하는 자는 1월 말까지 통합위원회 앞으로 회원 가입 신청서를 제출하도록 했다. 회원 가입 승인은 투표로 결정하고, 회원 승인 심사를 매년 반복하기로 했다. 회원 승인 심사의 목적은 신용이 의심스럽고 행실이 부적절한 증권업자를 배제하기 위

---

3   21실링의 금화로 서아프리카 기니에서 산출되는 금으로 만들어 붙은 명칭이다. 단위가 특이한데 귀족들이 1실링의 팁을 주던 관행과 관련이 있다고 한다.

한 것이었다. 통합위원회는 회원의 무질서한 행동에 대해 2기니의 벌금을 부과하고, 회원이 상근 사무장에게 벌금을 내면 회원자치위원회가 이 금액을 자선단체에 기부하기로 했다. 통합위원회는 명망 있는 인물들이 증권거래회원단에 많이 가입하고 하우스에서 관행적으로 일어나고 있던 무질서한 행동을 막는 것도 꼭 필요하다고 생각했다.

누구나 참여할 수 있는 공개시장에서 연회비를 내는 회원 전용 폐쇄시장으로의 조직 전환은 증권업자 간에 불화를 일으켰다. 1801년 3월 3일 스위팅스 앨리의 건물을 공식적으로 증권거래회원단으로 변경하고, 업무를 개시한 바로 첫날 비회원들이 건물에 들어오려고 소동이 일어났다. 건물소유주들은 경찰을 동원해 비회원들을 쫓아냈다. 증권거래회원단에 참여하지 않은 사람들은 런던시장에게 증권거래회원단을 사적 조직으로 볼 것인지, 아니면 공공의 시장으로 볼 것인지에 관한 결정을 요구했다. 런던시장은 문제의 본질을 제대로 알지 못한 채 증권거래회원단의 손을 들어줬다. 아마 당시에는 그 어느 사람도 이 조직 전환의 중요성을 그다지 크게 인식하지는 못한 것 같다. 1801년 3월 3일, 회원 가입 방법과 업무 방법을 정하고 회원의 자율규제를 기반으로 운영하는 증권거래회원단이 런던에서 영업을 개시한 날이 런던거래소의 공식적인 설립일이 됐다. 흥미롭게도 한국의 증권시장 개장일도 3월 3일이다. 1956년 2월 11일 금융단/보험단/증권단이 공동 출자해 영단제 대한증권거래소를 설립하고, 1956년 3월 3일 한국 증권시장을 개장했다. 2021년은 한국 증권시장 개장 65주년이 되는 해다.

증권거래회원단은 주주로 구성된 건물소유주위원회와 건물 이용자인 회원으로 구성된 회원자치위원회라는 이중적인 조직구조로 되어 있었다. 이해관계가 다른 두 위원회의 대립은 당연했다. 회원의 연회비를 주요 수익원으로 하는 건물소유주위원회는 회원 수가 늘어날수록 이익도 커졌으므로 되도록 많은 사람을 회원으로 유치하려 했다. 반면, 증권업자들로 구성된 회원자치위원회는 건물소유주에게 내는 연회비가 영업비용으로 부담이 되기도 됐지만, 회원 수가 증가하면 서로 간에 경쟁이 치열해져 수익성이 떨어지는 것을 우려할 수밖에 없었다. 증권거래회원단의 성공을 위해서는 두 위원회가 적절한 수준에서 타협점을 찾아야 했다.

증권거래회원단은 3월 4일에 통합위원회를 해산하고, 전임 회원자치위원회 위원 21명과 신입회원 19명으로 새로운 회원자치위원회를 구성했다. 회원들은 즉시 회원자치위원회의 승인 없이는 건물소유주위원회가 신입회원의 가입 승인, 시장 규정의 제·개정이나 시장 운영과 관련한 어떠한 권한도 행사할 수 없다는 결의안을 통과시키고 건물소유주위원회가 증권시장 운영에 간섭할 여지를 모두 차단했다. 대신, 건물소유주위원회는 회원에 대한 연회비 책정 권한과 건물 유지관리 권한을 확보했다. 3월 27일 건물소유주위원회의 위원은 이해상충 방지를 위해 모두 회원자치위원회에서 사퇴했다. 이를 통해 회원인 증권업자들은 증권시장 운영과 관련하여 주주인 건물소유주의 간섭을 배제하고, 자치공동체인 회원자치위원회에 의한 증권시장의 운영 및 관리 체계를 확보했다.

건물 신축

증권거래회원단은 애초 200명가량이 가입할 것으로 예상했지만, 예상과 달리 많은 회원이 가입했다. 이 때문에 스위팅스 앨리의 건물은 매우 비좁았다. 윌리엄 해먼드의 주도로 건물 신축을 계획했다. 1801년 3월 4일 건물 신축 추진반 회의에서는 영란은행과 왕립거래소 인근의 바톨로메우 레인에 접한 케이플 코트의 동쪽 끝 부지가 건물을 신축하기에 적합하다고 결정했다. 건물 신축 추진반은 증권거래회원단의 건물소유주에게 기존 건물이 너무 협소하고, 증권거래회원단처럼 명망 있는 단체에 필요한 편의시설을 제대로 제공하지 못하고 있다고 주장하면서 새로운 건물의 터가 중심적인 위치에 있다는 점을 강조했다. 건물 신축 추진반은 증권거래회원단의 건물소유주에게 보상 차원에서 신축 건물 지분의 1/3에 해당하는 액면 50파운드 주식 100주, 총 5,000파운드를 투자할 수 있도록 하겠다고 제안했다. 스위팅스 앨리의 건물소유주들은 이 제안을 거부했다.

건물 신축 추진반은 스위팅스 앨리 건물소유주의 건물 신축 참여 거부가 오히려 자신들에게는 유리하다고 생각했다. 계획은 더욱 야심 차게 변했다. 액면 50파운드 주식 100주를 추가로 발행해 자본금을 20,000파운드로 늘리고, 디베이팅 포럼과 멘도자 복싱장 등 해당 터에 접한 부동산도 추가로 매입했다. 건물을 철거하고 대지를 정비한 뒤 1801년 5월 18일 건물의 주춧돌을 놓았다. 한편, 이 주춧돌은 1850년대 런던거래소 재건축 과정에서 분실했다가 1883년 건물 확장 작업 도중에 다시 발견했다. 주춧돌에는 다음과 같이 애국심과 낙관론이 각인된 구리판을 부착했다.

"1801년 5월 18일, 조지 3세 재위 41년, 공채거래를 위해 민간청약으로 설립되는 이 건물의 주춧돌을 건물소유주가 참석한 가운데 다음 사람들의 주관으로 세운다.

매니저: 윌리엄 해먼드, 윌리엄 스티어, 토마스 로버츠, 그리피스 존스, 윌리엄 그레이, 아이삭 헨슬리, 로버트 수턴, 존 브럭쇼, 존 케이플, 존 반스

설계자: 제임스 피코크

영국 본토와 아일랜드의 첫 연합왕국이 형성된 이 시기에 국공채는 왕조 5대의 연속적인 치세에 힘입어 552,790,924파운드로 누

적됐다. 영국에 대한 불가침적인 믿음과 헌법의 기본 원칙이 사업을 허가하고 번영을 보장한다.

헌법의 축복이 만 세대에 영원하길!"

1801년 12월 30일 건물 정문에 상업과 교역의 신인 로마신화의 머큐리 동상을 세우고, 현관 지붕 위에 '증권거래소'라는 명칭을 각인했다. 1802년 2월 건물 신축을 완료했다. 약 112.4평의 면적에 전면을 석재로 마감한 깔끔하고 수수한 건물이었다. 남쪽 벽면의 시계 밑에 파산자 명판을 걸고, 거래대금을 지급하지 못한 파산자들의 이름을 기록했다. 주 4회 국채를 매입하는 국채감축위원회에 서쪽 면의 벽감을 할당했다. 메인 홀을 둥그렇게 둘러싸고 책상, 의자와 서가가 설치된 갤러리가 있었다. 필요한 회원은 사서를 불러 책을 꺼내 볼 수 있었다. 본관은 교각과 아치에 둘러싸여 있었으나, 후에 교각과 아치를 이오니아식 기둥으로 교체했다.

3월 27일에는 '설립 약정서(A Deed of Settlement)'를 체결했다. 설립 약정서에 따라 런던거래소 건물은 건물소유자위원회로부터 업무를 위탁받은 수탁관리자 9명이 관리했다. 수탁관리자는 건물 유지관리와 잉여자금 관리를 담당하고, 회원의 연회비를 책정했다. 증권업자인 회원은 연회비를 내면 1년 동안 런던거래소에서 브로커나 죠버, 혹은 두 업무를 모두 겸영할 수 있었다. 브로커의 중개업무와 죠버

신축 런던거래소

출처: https://upload.wikimedia.org/wikipedia/commons/6/6b/Microcosm_of_London_
Plate_075_-_New_Stock_Exchange_%28tone%29.jpg

의 자기매매는 구분되는 업무였지만, 동일인이 중개업무와 자기매매를 겸영하는 것도 가능했다. 설립 약정서는 런던거래소 주식의 액면가를 50파운드, 자본금 총액을 20,000파운드로 하고 누구라도 1인당 4주 이상의 주식을 보유할 수 없다고 명시했다. 또한, 회원 가입을 포함해 증권시장 운영과 관련한 제반 문제는 회원자치위원회의 전속 업무라는 점을 분명히 했다. 회원자치위원회는 매년 회원이 선출하는 30명의 위원으로 구성됐다.

런던거래소의 영업시간은 오전 10시부터 오후 4시까지였다. 영국 왕실의 여러 탄생일, 런던 대화재 기념일과 찰스 1세 순교일 등 휴장일도 빈번했다. 모든 회원의 객장직원은 회원자치위원회의 승인을 얻어야 하고, 하우스에 입장하기 전에는 미리 제작된 출입증을 받아야 했다. 스위팅스 앨리에서 케이플 코트의 새로운 건물로 증권업자들이 이전함에 따라 기존의 모든 문서와 거래기록은 회원자치위원회가 관리했다. 건물소유주를 대리하는 수탁관리자위원회와 이용자인 회원을 대표하는 회원자치위원회에 의한 런던거래소 이중관리체계도 재정립했다. 회원자치위원회는 존 헤밍을 연봉 50파운드를 지급하는 상근 사무장으로 선임했다.

회원들은 런던거래소를 짓기 위해 허문 멘도자 복싱장을 특히 몹시 그리워했다고 한다. 증권 투자에서 돈을 잃으면 분을 못 이겨 합법적으로 누군가를 실컷 두들겨 패거나 자신이 죽을 만큼 두들겨 맞을 수 있는 장소로 애용했던 장소였기 때문이다. 증권업자들이 모두 새로운 런던거래소 건물로 이전하자 예전에 증권거래회원단이 있었던 스위팅스 앨리의 건물소유주들은 1803년 건물을 매각했다.

최초의 규정집

1698년 존 캐스팅이 발행했던 증권시세표 '외환과 기타 것들의 추이'는 이제 에드워드 웨텐홀이 발행했다. 1811년 1월에는 영국 국채 및 운하, 항만, 상수도, 보험 등 20여 주식의 호가 정보와 석탄 가격 등을 게재했다. 1811년 말부터 각종 회의일, 배당금 등의 정보도 제공하기 시작했지만, 여전히 일주일에 두 번만 발행했다.

영란은행의 로툰다, 왕립거래소와 여러 커피하우스 등도 여전히 증권을 거래하는 시장으로 이용됐다. 런던거래소가 증권거래를 독점하는 시장은 아니었다. 하지만, 런던거래소 설립 이후에 영란은행은 로툰다에서 증권을 거래하는 사람들을 부정적으로 인식했다. 영란은행은 로툰다에서 증권을 거래하는 사람들이 런던거래소에 회원으로 가입하지 못하거나 축출된 자들로 명망 있는 사람들은 아니라고 보았다. 이들이 꼴 보기 싫어진 영란은행은 로툰다 대신 이용할 별도 증권시장의 신축을 고려하다가 포기했다. 영란은행이 증권

영란은행 로툰다

출처: https://upload.wikimedia.org/wikipedia/commons/3/32/The_Bank._%28BM_
Nn%2C7.36.3%29.jpg

거래 시장을 제공할 의무가 없다는 내부 검토를 거친 후였다. 이어
1834년에는 증권시장으로서의 로툰다도 폐쇄해 버렸다.

런던거래소 회원 가입을 거부당한 증권업자를 중심으로 누구나
참여할 수 있는 공개 증권시장이나 경쟁 거래소를 설립해야 한다는
주장이 일었다. 1811년 무렵에는 정부증권 거래를 위해 모든 사람
에게 개방된 국립공채거래소(National Fund Exchange)를 설립하고자
하는 움직임도 있었다. 법안이 의회에 상정됐지만, 런던거래소가 법
상 독점이 아니므로 법적으로 경쟁 거래소의 설립을 지원할 필요는
없다는 이유로 상원을 통과하지 못했다. 이 과정에서 회원자치위원

회 상근 사무장인 존 헤밍이 런던거래소의 업무기록과 내용을 경쟁거래소 설립 준비단에 빼돌리고 있었다는 사실이 드러났다. 런던거래소는 즉시 존 헤밍을 해임하고, 신임 사무장으로 로버트 왓슨 웨이드를 선임했다. 후속 조사를 통해 존 헤밍이 매우 엉성하게 기록을 관리하고 있었다는 사실도 밝혀냈다.

1811년 4월에는 런던거래소의 권위에 대한 도전도 일어났다. 한 증권브로커는 런던거래소가 자신을 파산자로 낙인찍어 남쪽 벽면 시계 밑의 파산자 명판에 이름을 써 붙여 명예를 훼손했다고 런던거래소의 수탁관리자들을 고소했다. 수탁관리자들은 회원자치위원회가 제정한 증권시장의 규정을 집행하는 것과 관련해 어떠한 상황에서도 어떠한 처벌도 받을 수 없다고 강변했다. 런던의 중앙형사법원인 올드 베일리(Old Bailey)에서 열린 재판에서 법원은 런던거래소에 무죄를 선고했다.

1811년 하반기, 런던거래소는 성문화된 규정집을 만들기로 했다. 아마도 존 헤밍과 파산자 명판 사건으로 인한 잡음이 영향을 미친 듯하다. 옛 기록을 포함해서 런던거래소 회원자치위원회에 존재하는 모든 장부와 문서 기록을 조사해 중요한 사건의 결정문과 결의안을 수집하고 집약했다. 그리고, 1812년 2월 마침내 회원자치위원회의 확인을 받은 권고안을 제정했다. 이것이 런던거래소가 최초로 성문화한 규정집(Rule book)의 토대가 됐다.

최초의 규정집은 그리 복잡한 내용을 담고 있지는 않았다. 모든 회원은 회원자치위원회로부터 매년 3월 가입 승인을 받아야 하고, 수탁관리자위원회가 정한 연회비를 내야 한다고 규정했다. 회원의 브로커와 죠버의 겸업을 금지하고, 신입회원은 기존 회원 2명의 추천을 받도록 했다. 영란은행, 남해회사, 동인도회사 등의 직원은 그들 고용주의 명시적인 허가가 있어야만 런던거래소에 출입할 수 있도록 했다.

회원자치위원회는 거래를 법적으로 취소하거나 계약 종결 전의 거래와 관련한 분쟁에 관여하지 않고, 분쟁이 발생하면 중재에 붙이도록 했다. 결제에 관한 상세한 사항도 정했다. 런던거래소의 회원은 회원이 아닌 자가 지급하는 전표를 인수하거나, 회원이 아닌 자에게 증권을 인도할 의무가 없었다. 증권인도일 오후 2시까지 결제대금을 받지 못한 매도회원에게는 증권의 재매도가 허용됐다. 결제대금을 지급하지 못한 거래상대방 회원에게 차액을 청구할 수도 있었다. 증권인도일에 증권을 받지 못한 매수회원에게는 다음 날 오전 11시 이후에 해당 증권을 강제매수할 수 있도록 했다. 모든 강제매수와 강제매도 거래는 브로커를 통해 수행하고, 런던거래소의 상근 사무장이 이 거래에 관여하도록 했다.

오리가 기우뚱거리며 걷는 모습에서 '레임덕(lame duck)'이라고 불리던 파산회원은 남쪽 벽면의 시계 밑 파산자 명판에 공개적으로 이름을 게시했다. 파산회원의 자산은 채권자 회원 간에 균등하게 나눴다. 파산회원은 채권자 회원과 사적으로 화해할 수 없고, 어떤 회원도 다른 회원에 비해 더 큰 몫을 받을 수 없었다. 파산회원의 회원권은 박탈했다. 파산회원이 다시 회원으로 가입하기 위해서는 채권자 회원들의 추천을 받도록 했다.

호가를 기록하는 방법도 정했다. 회원자치위원회의 승인을 받은 자가 체결가격을 수집해 발표하고, 상근 사무장이 그 목록을 보존해 검사받을 수 있도록 했다. 회원자치위원회는 브로커에게 위탁자의 거래 한도 관리를 철저히 하라고 권고했다. 이를 소홀히 한 브로커는 투기에 참여한 것이나 다름없다는 견해였다.

한편, 브로커의 위탁수수료에 관해서는 명확한 규정이 없었다. 0.125%의 위탁수수료가 표준적으로 적용됐고, 거래 규모가 큰 은행에는 그 절반을 적용했다. 회원 간의 경쟁이 치열해지면서 다른 회원의 고객을 가로채거나 고객이 아닌 사람에게 전단을 보내 광고하는 행위는 금지했다. 한 회원이 위탁수수료를 인하해 고객을 빼내 가고 있을 때, 회원자치위원회는 위탁수수료 인하보다 고객을 가로챘다는 이유로 해당 회원을 질타했다. 최저 위탁수수료율을 도입하려는 시도도 있었지만 성공하지는 못했다.

리카도, 베어링스, 로스차일드

남해회사 버블이 꺼진 1721년부터 나폴레옹 전쟁이 끝난 1815년까지 런던 증권시장은 국채가 주도했다. 정부가 나폴레옹과의 전쟁에 필요한 전비도 런던거래소를 중심으로 조직화된 증권시장을 통해 국채를 발행해 조달할 수 있었다. 런던거래소도 국공채 중심시장이었다. 증권거래도 국공채를 제외하면 영란은행, 동인도회사 등 일부 회사의 주식을 중심으로 제한적으로 이루어졌다. 증권회사는 통상 1~2명의 직원을 보유한 소규모였다. 위탁매매를 수행하는 브로커와 자기매매를 수행하는 죠버의 기능도 명확히 구분은 됐지만, 한 회원이 양 기능을 동시에 수행하는 것이 일반적이었다. 런던거래소는 자주 대중에게 비난의 대상이 됐다. 내재한 경제적 실질보다는 루머에 약삭빠르게 반응하고, 증권 가격도 경박하고 변덕스러웠다. 증권중개는 고도로 전문화된 사업이 됐지만, 자신도 증권브로커였던 경제학자 데이비드 리카도는 증권업자를 다음과 같이 비판했다.

"런던거래소의 증권거래에는 업무에 대해 끊임없이 주의를 기울이고 있는 사람들이 참여하고 있고, 이들은 세세한 것도 매우 잘 알고 있다. 하지만, 정치 경제적인 문제에 깊은 지식을 가진 사람은 매우 적어서 결과적으로 과학의 한 주제로서의 금융에는 거의 관심을 기울이지 않는다. 이들은 지나가는 사건의 즉각적인 효과에 더욱 관심을 기울이고 장기적인 결과에는 무관심하다."

리카도가 큰돈을 번 것도 이 무렵이다. 1815년까지 리카도는 정부의 국채 입찰에 참여하고 차익거래를 통해 50만 파운드를 벌었다고 알려져 있다. 그의 '손실은 최소화하고, 수익은 최대화한다'라는 투기의 황금률은 이때의 경험을 바탕으로 했다고 한다. 리카도는 이후 증권 투자를 그만두고 부동산으로 투자 방향을 전환했다.

영국의 국채 규모는 1801년 4억 5,610만 파운드에서 1815년 7억 4,500만 파운드 규모로 증가했다. 그리고, 1819년에는 8억 4,430만 파운드로 그 규모가 최고조에 달했다. 국채는 런던거래소의 성장에 큰 역할을 했지만, 이후 상황에 변화가 생겼다. 국채 규모가 이후 1914년까지 계속 축소된 것이다. 많은 수의 영리기업과 산업기업이 본격적으로 주식회사로 전환한 것은 제1차 세계대전 바로 전이었기 때문에 프랑스와 전쟁이 끝난 뒤부터 런던의 브로커와 딜러들은 새로운 거래대상 증권을 찾을 수밖에 없었다. 이에 따라 운하주식, 철도주식, 가스주식 및 상수도주식 등과 같은 영국 내 사회기반시설과 해외증권이 런던거래소의 주된 거래대상이 됐다.

이 중 해외증권 거래는 특히 베어링스와 로스차일드가 독보적인 위치를 차지했다. 베어링스는 주로 영국 점령지에 대한 재정 지원과 프랑스의 배상금을 취급했는데, 특히 프랑스가 전쟁 배상을 위해 영국에서 발행한 국채를 인수해 런던에서 유통했다. 1815년에는 상당한 규모의 해외채권 발행을 주관하면서 '총액인수' 방식을 정착시켰다. 총액인수는 주관사가 발행증권 전부를 자기 명의로 인수하고 증권의 발행사무를 담당하는 것으로 '매입인수'라고도 한다. 이에 대비되는 방법으로 잔액인수와 인수주선이 있다. 잔액인수는 미매각 증권 잔량을 주관사가 인수하는 방법이고, 인수주선은 미매각 증권 잔량을 발행자에게 반환해 증권 발행과 관련한 위험을 발행자가 지도록 하는 방법이다. 베어링스는 프랑스 국채를 총액인수해 2.5%의 인수수수료를 선취하고, 해당 채권을 인수가격보다 높은 가격으로 일반투자자에게 분매해 시세 차익을 챙겼다. 다른 은행이나 기관도 공동 인수기관으로 참여 시켜 증권가격 하락에 따른 손실 위험을 분담시키는 방법도 썼다. 1815년부터 1820년까지 이러한 해외채권 총액인수를 통해 베어링스는 향후 성공의 기반을 마련했다.

이 시기 네이선 로스차일드가 워털루 전투의 승전보를 먼저 입수해서 국채 투기를 통해 수백만 파운드를 벌었다는 일화도 유명하다. 소식을 먼저 입수한 방법도 전령 비둘기를 이용했다거나 로스차일드 가문의 일원이 직접 전투에 참여했다는 설 등 다양하다. 실제 당시 일부 증권브로커는 전령 비둘기를 이용하고 있었다고 한다. 최근에는 로스차일드가 파리 사무소의 직원을 통해 워털루 전투의 승전보를 입수했다는 것이 정설로 굳어지고 있다. 승전보 입수 시간도 공식 보고자인 헨리 퍼시 소령보다 단지 몇 시간 빨랐다고 한다.

네이선 로스차일드

Seyd umschlungen Millionen !

로스차일드가 이를 활용한 것은 확실하지만, 실제 수백만 파운드를 벌 수는 없었다고 한다. 당시의 국채시장 규모가 순간적으로 수백만 파운드를 벌기에는 너무 작았고, 국채 가격도 상당히 안정적으로 유지됐기 때문이다. 1815년 1월 66포인트였던 콘솔 가격은 나폴레옹 전쟁의 승리에도 불구하고 1년 내내 이 가격 수준을 회복하지 못했다. 6월 20일에 56.5포인트, 연말에는 60포인트가 됐다.

로스차일드는 러시아, 프로이센, 오스트리아가 결성한 신성동맹의 은행의 지위를 공고히 해 큰 이익을 거두었다. 특히 러시아채권과 프로이센채권을 취급해 상당한 돈을 벌었다. 1818년 로스차일드는 500만 파운드 규모의 파운드화 표시 프로이센채권을 중개했다. 파운드화로 표시된 최초의 외국 정부 채권이었다. 누군가는 이를 계기로 유럽에 유로본드시장이 형성되어 현재까지 지속하고 있다고 주장하기도 한다. 런던거래소의 회원은 아니었지만, 네이선 로스차일드가 런던 시티에서 유명해지고 영향력 있는 인사가 된 것도 이즈음이다.

위험한 증권

런던 증권시장에서 옵션거
래는 늘 오락가락 논쟁이 되어 온 주제였다. 런던거래소 개설 당시
회원자치위원회는 옵션거래를 비난했다. 1812년 최초로 규정집을 발
간할 무렵에는 고의적으로 옵션거래 관행을 방조하다가 몇 년 뒤에
는 다시 옵션거래를 비난했다. 옵션거래로 인해 매우 심각하고 우려
할 정도로 도박이 증가하고 있다며 옵션거래는 런던거래소의 설립
목적에 해를 끼치고 쓸모없는 것이라고 비난했다. 1819년에는 여러
브로커가 고객의 옵션거래 결제불이행으로 심한 손실을 보는 상황
이 발생했다. 이에 따라 1820년 일단의 회원들이 옵션거래를 금지해
달라고 회원자치위원회에 요청했다. 회원자치위원회는 1821년 7월에
규정집을 개정하면서 14일 이상의 옵션거래는 런던거래소의 개정 규
정에 따라 인정되지 않으므로 집행 강제력이 없다는 소심한 타협안
을 발표했다.

옵션거래와 관련해서는 두 가지 의견이 병존했다. 많은 회원은 옵

선거래의 완전한 금지를 원했다. 반면, 시장조성을 위해 끊임없이 주식을 사고파는 과정에서 공매도가 발생할 수도 있고, 포지션 리스크를 줄이기 위해서라도 옵션거래가 꼭 필요하다고 주장하는 회원들도 있었다. 옵션거래를 찬성하는 회원들은 런던거래소가 거래 관행을 규제하는 것은 적합하지 않다고 주장했다. 런던거래소 회원 자치위원회는 딜레마에 빠졌다. 처음에는 회원이 옵션거래를 수임하지 않는 경우에만 매년 3월의 회원 재가입 심사를 통과시키기로 했다. 이 결정에 대해 많은 회원이 반발했다. 연말에는 현상 유지 쪽으로 의견이 흔들렸다. 이즈음 경쟁 증권시장 설립을 위해 상당한 금액의 자금이 조달돼 경쟁 거래소 건물 신축에 관한 논의가 본격적으로 진행됐다. 런던거래소는 옵션거래를 허용하는 타협안을 마련할 수밖에 없었다. 이에 따라 런던에서는 1832년까지 콜 풋 옵션거래가 널리 이루어졌다.

런던거래소는 처음부터 회원 가입 심사에 많은 공을 들였다. 회원들은 고객과 대규모 미결제 수량을 유지하고 있었는데, 고객들은 손실이 나면 회원에게 결제대금을 지급하거나 증권을 인수하려 하지 않았다. 고객의 결제불이행은 해당 회원을 파산에 이르게 하고, 또 다른 증권거래로 연결된 타 회원에게도 연쇄적으로 큰 영향을 미쳤다. 즉, 시스템 리스크를 발생시킬 수 있었다. 이에 따라, 1821년부터 신입회원은 가입할 때 보증인을 지명하도록 했다. 해당 신입회원이 2년 안에 파산하면 보증인이 250파운드를 내도록 했다.

1832년에는 보증인 수를 3명으로 늘리고, 보증금도 300파운드로 인상했다. 회원 파산으로 인한 경각심을 높이기 위해서였다. 1833년 3월부터 런던거래소는 파산회원을 단순히 파산자 명판에 게시하는 대신에 공개석상에서 망치질과 함께 회원의 파산을 선언했다. 파산회원을 선언하는 것을 '해머링(hammering)'이라 불렀는데, 회원의 공식 파산 발표 전 다른 회원들의 관심을 끌기 위해 망치를 두드려 요란한 소리를 낸 것에서 유래했다.

한편, 런던거래소의 객장은 초기부터 증권업자들의 무수한 놀이와 짓궂은 장난으로 가득한 공간이었다. 이들은 돈 번 기쁨을 축하하거나, 돈 잃은 슬픔을 달래거나, 그저 그런 변동 없는 하루를 보내기 위해서나 변덕스러운 마음을 잠시도 가만히 두지 못하고 떠들썩한 행동으로 분출했다. 런던거래소 건물 유지관리를 담당하는 수탁관리자들은 폭죽, 축구, 버터 슬라이드 및 객장에서의 오락 활동 등을 금지하는 공지사항을 자주 올렸다. 회원들은 증권 청약을 위해 무리 지어 모여든 회원들의 머리 위에 톱밥이나 밀가루 주머니를 터뜨리거나 외투의 코트테일이나 신문지에 남모르게 불을 붙이기도 했다. 더러운 옷차림에 단정치 못한 피그테일 머리를 땋고 낡은 옷을 입은 지저분한 브로커에게는 떠들썩하게 격식을 차려 수건과 향기가 나는 비누를 선물하기도 했다. 신입 객장직원을 골탕 먹이기 위해 존재하지도 않는 가상의 회사에 대한 상세한 정보를 찾아오도록 심부름시키는 전통도 있었다.

해외증권시장

　기본적으로 런던거래소는 국채 중심시장이었다. 하지만, 나폴레옹 전쟁이 끝나고 영국의 국력이 신장하면서 영국 국채 발행이 크게 줄어들자 증권업자들은 대체 투자물을 찾아야만 했다. 1822년 영국 정부가 국채 금리를 5%에서 4%로 인하겠다고 발표하면서 외국 국채에 관한 관심이 더욱 높아졌다. 영국 정부는 금리 전환에 동의하지 않은 국채 280만 파운드를 상환해 버렸다. 자연적으로 증권업자들은 영국 국채만큼 유동성이 있으면서 높은 수익률을 제시하는 외국 국채로 관심을 돌렸다. 브라질, 페루, 콜롬비아, 칠레 같은 라틴아메리카의 신생 독립국과 유럽의 신생국가 그리스가 런던에서 국채를 발행해 자금을 조달했다. 자국에서 국채를 소화할 수 있었던 유럽 국가와 달리 라틴아메리카의 신생국들은 자국에서는 도저히 국채 발행을 통한 자금 조달이 어려웠으므로 런던에서 상대적으로 높은 수익률을 제시했다. 해외증권이 인기를 끌면서 1822~25년 4년간 약 20건의 외국 국채가 런던에서 발행되고, 기채 규모도 4천만 파운드를 넘었다.

　대규모 해외증권이 런던에서 발행되면서 자연스럽게 이를 거래하기 위한 유통시장도 형성됐다. 해외증권의 거래는 주로 왕립거래소나 인근의 거리에서 이루어졌다. 전업 회원만이 참여가 가능했던 런던거래소와 달리 해외증권의 거래에는 머천트뱅크나 상인, 무역업자도 참여가 가능했다. 런던거래소의 회원들도 적극적으로 해외증권 거래에 참여했지만, 회원자치위원회는 런던거래소 회원이 해외증권 시장과는 파트너십을 체결하거나 해외증권 거래를 할 수 없도록 규정했다. 하지만, 이 규정이 잘 지켜지지는 않았다.

해외증권 거래가 늘어나면서 왕립거래소는 매우 붐비고 불편한 장소가 됐다. 1822년 왕립거래소에서 해외증권을 거래하던 소수의 런던거래소 회원이 런던거래소에서도 해외증권을 거래할 수 있도록 해 달라고 회원자치위원회에 요청했다. 대부분의 런던거래소 회원들은 영국 국채보다 위험하고 불확실성이 큰 다른 위험한 증권의 거래에 관여하는 것을 꺼렸다. 회원자치위원회는 런던거래소가 영국 국채 중심시장이므로 해외증권의 거래를 허용할 수 없다며 거부했다. 6개월 뒤 다시 약 30여 회원이 런던거래소에서 해외증권의 거래를 허가해달라고 요청했다. 런던거래소가 개입하지 않는 현재의 운영방식으로는 해외증권 가격이 공식적으로 공시되지 않아 위험이 크다는 이유를 들었다. 회원자치위원회는 자문단 회의를 통해 공식적인 호가를 제시할 수 있는 해외증권시장을 런던거래소에 설치하지 않을 이유는 없다고 결정하고, 1822년 10월 4일부터 해외증권의 거래를 승인했다.

해외증권시장을 런던거래소에 수용하는 방법은 결정이 필요했다. 회원들과 달리 런던거래소의 주주인 건물소유자들은 이 문제에 적극적으로 대응했다. 이들은 런던거래소 이외의 장소에서 해외증권 거래가 계속된다면 증권거래에 있어 현재 런던거래소가 가지고 있는 지배적인 위치에 잠재적인 위협 요인이 될 것이라 봤기 때문이다. 즉, 런던에 또 다른 거래소가 설립되어 원치 않는 경쟁이 초래될 수도 있다고 여겼다. 증권업자들이야 경쟁 거래소에 회원으로 등록해서 영업을 계속하면 그만이지만, 자기 건물에 출입하는 증권업자들의 연회비에 수익을 의존하고 있던 런던거래소의 건물소유주들은 이들이 이탈하면 사업에 큰 차질이 발생하는 문제였다.

1822년 11월 21일 건물소유주들은 런던거래소 인접 건물인 케이플 코트 6번지를 새로 매입해 해외증권 전용 공간으로 운영하기로 했다. 런던거래소 건물과 새로 매입한 건물은 서로 연결되도록 하고, 1823년 1월 1일 새 건물에 해외증권시장(foreign fund market)을 공식적으로 개장했다. 새로 개장한 해외증권시장은 런던거래소와 분리해 독자적인 회원 가입 제도와 규정을 가지고 운영됐다. 런던거래소의 회원은 추가적인 연회비를 내지 않고도 해외증권을 거래할 수 있었다. 반면, 런던거래소의 회원이 아닌 자는 연간 8기니의 연회비를 내고 별도로 해외증권시장의 회원으로 가입해야 했다. 해외증권시장의 회원에게는 겸업 금지를 적용하지 않았다. 따라서, 종합 금융회사인 머천트뱅크를 운영하고 있어 런던거래소의 회원으로 가입할 수 없었던 로스차일드도 해외증권시장에는 회원으로 참가할 수 있었다.

이 시기에 발행된 해외채권 중에서 포야이 채권은 악질적이고 사기적인 사건으로 유명하다. 스코틀랜드의 용병 출신의 군인 그레게 맥그레거는 이베리아반도 전쟁에 참전했던 인물이다. 남아메리카의 시몬 볼리바르의 군대에서 장군을 지내기도 했다. 맥그레거는 자신을 스스로 '포야이의 영주(Cacique of Poyais)'라고 칭하면서 런던에서 국채를 발행했다. 실제로는 해당 땅에 대한 아무런 권리도 없으면서 남아메리카 온두라스 만의 말라리아가 창궐하는 늪지대의 땅을 팔기도 했다. 그는 투자설명서에 포야이를 황금 가루로 이루어진 해변에 개천이 흐르고, 대지는 농작물이 넘쳐나며, 값진 귀갑(龜甲), 다이아몬드와 진주가 가득한 천국과 같은 장소로 묘사했다.

현재의 시각으로 보면 황금 가루가 가득한 해변이 있는데 왜 채권을 발행해서 자금을 조달해야 하는지 도통 이해가 안 되지만 어

포야이 은행권

쨌든 당시 순진한 많은 사람이 포야이 채권을 청약했다. 아니나 다를까 역시 포야이 채권의 보유자에게는 아무런 원리금도 지급되지 않았다. 포야이로 이민을 떠난 정착 이주민도 스코틀랜드 은행권과 교환한 포야이 은행권을 가지고 있었지만, 포야이 은행권은 아무 가치도 없는 종이 쪼가리에 불과했다. 이주민들은 원주민의 약탈에 시달리다가 결국 근처 영국 식민지인 벨리즈로 탈출했다. 탈출 과정에서 무더위, 굶주림과 열병으로 많은 사람이 죽고 겨우 수십 명만이 살아남았다.

주식시장과 반복되는 패닉

1824년 초반까지 영국의 증권거래는 전반적으로 침체 상태에 있었다. 이후 곧, 채권, 주식 및 원자재에 대한 강력한 투기를 동반한 붐이 발생했다. 원자재 가격은 1824년 초반부터 1825년 중반까지 20%가 오르고, 국내 광산회사의 주식도 가격이 매우 크게 올랐다. 1824년 이전까지 영국의 주식회사 수는 총 156개사 정도였다. 이들의 수권자본금도 총 4,800만 파운드에 납입자본금은 3,400만 파운드에 불과했다. 모든 주식이 런던거래소에서 거래된 것도 아니었다. 런던거래소는 여전히 국채 중심으로 운영됐고, 8억 파운드에 달하는 국채가 가장 중요한 거래 상품이었다.

1824~25년 사이에 주식회사 설립 붐이 일어났다. 다양한 주식회사가 설립됐는데, 특히 광산회사가 주목을 받았다. 명목 자본금의 합계가 3억 7,200만 파운드가 넘는 624개의 주식회사가 새로이 설립되거나 설립을 계획했다. 이러한 회사에 투자자들은 실제 약 1,760만 파운드를 납입한 것으로 알려져 있다. 하지만, 이들 신생 주식회사 대부분은 아무 성과 없이 사업을 접어야 했다. 379개의 회사는 아예 빛을 보지도 못했고, 118개 회사는 설립한 지 불과 2~3개월 만에 폐업했다. 예전에는 주로 개인 자본으로는 감당할 수 없었던 대규모 주식회사들이 설립됐었지만, 붐이 발생한 1825년에는 개인회사로 운영하는 것이 더 적당한 회사를 주식회사로 설립한 것이 실패의 원인이었다. 실패한 회사 중에는 런던 진품 코담배 회사, 경제적인 장례회사 및 전당포의 고리대금업자와 싸우고 40%의 배당금 지급을 목표로 하는 회사 등과 같이 어처구니없는 회사들도 많았다.

투자자들은 투기성 높은 신생회사 주식에 현혹됐다. 투자 대상도 운하회사, 철도회사와 금융회사까지 다양했다. 언론은 신생 주식회사의 사업설명서를 걸리버 여행기에 나오는 릴리푸티안 같은 가상의 나라가 발행한 투자설명서에 비유하면서 주식 투기를 비판했다. 시세조작과 사기가 넘쳐났다. 특히, 광산회사는 투기가 극심했다. 런던거래소 회원들은 해외증권만큼이나 가치와 전망이 불투명한 이 신생회사의 주식을 못 미더워했다. 이 때문에 이들 회사의 주식

거래는 런던거래소가 아니라 해외증권시장에서 이루어졌다. 그 이름과 다르게 해외증권시장에서 국내주식의 거래가 이루어지는 조금 어색한 상황이 연출됐다.

하지만, 해외증권시장에서 신생회사 주식에 대한 투기는 오래가지 못했다. 영란은행의 주화와 금 보유액이 1824년 10월의 11억 7,500만 파운드에서 이듬해 8월 375만 파운드로 급락하면서 주식시장의 패닉을 촉발했다. 12월 초 큰 손실이 발생한 투자자에게 내준 대출로 인해 73개 은행이 도산하면서 24시간 동안 물물교환이 행해지는 초유의 사태가 발생했다. 금 보유액 감소를 우려한 영란은행은 대출을 회수하고 금을 매입하기 시작했다. 이 때문에 영란은행의 신용여력도 거의 고갈돼 버렸다. 정부는 특별회의를 개최해 영란은행이 소액 은행권을 발행할 수 있도록 조치했다. 오래전부터 5파운드 이하의 은행권 발행이 금지되어 있었으나, 다행히 영란은행의 금고에서 1821년에 인쇄된 일련번호가 매겨지지 않은 미발행 은행권이 들어 있는 상자를 발견해 가까스로 상황을 수습할 수 있었다. 긴급히 미발행 은행권에 날짜와 일련번호를 인쇄해 은행권 발행을 완료하고 시중에 유통해 물물교환의 장기화라는 최악의 상황을 막고 위기를 극복할 수 있었다.

네이선 로스차일드의 도움도 받았다. 로스차일드는 30만 파운드의 금을 프랑스에서 실어와 영란은행에 예탁하고 영란은행 구조에

나섰다. 긴급조치를 통해 위기를 넘긴 영란은행은 연말 크리스마스 이브에 어음할인을 재개했다. 로스차일드는 개인적으로는 1825년의 투기에서는 한 발짝 떨어져 있었다. 로스차일드의 저렴하지만, 합리적인 가격의 주식 매입도 위기 극복에 큰 도움이 됐다. 만일, 이 주식이 그대로 시장에 투매 됐더라면 재앙은 훨씬 더 커졌을 것이다. 1825년 초 94포인트였던 3% 콘솔 가격이 연말에는 75포인트로 급락할 만큼 위기는 심각했다.

1830년대 초반 영국은 정치적으로 매우 불안했다. 프랑스의 사회 정치적 불안으로 인해 영국도 불안감이 계속 증폭됐다. 공업지대인 북부에서는 계급투쟁 준비를 위한 노동자 훈련이 일어나고, 남부의 농업지대에서는 건초가 불태워졌다. 1832년의 「개혁법(Reform Bill)」 통과로 인해 정치적 소요사태도 일어났다. 이즈음 해외증권 가격이 다시 반등하기 시작했다. 1835년 초반, 스페인과 포르투갈이 런던에서 채권 발행에 성공하자 해외채권의 인기가 다시 높아졌다. 하지만, 5월이 되자 시장에 가치 없는 해외채권이 가득하다는 것이 분명해졌다. 5월 21일 패닉이 엄습했다. 스페인채권 가격은 10% 하락하고, 포르투갈채권 가격은 일주일 만에 20~30%가 하락했다. 한 작가는 당시 상황을 다음과 같이 기록했다.

"미친 듯한 혼란이 케이플 코트의 골목과 거리를 뒤덮고 있다. 3명 중 1명은 파산자이고 모든 해외증권은 가치가 없다. 죠버는 절망감에 장부를 덮고, 어떤 거래도 거부한 채 극도의 절망 속에서 결과를 기다리고 있다. 런던거래소의 파산자 명판도 모든 이름을 기재할 수 없어 보인다. 많은 런던거래소 회원이 도산했다."

1837년에는 아메리카시장에서 또 다른 패닉이 발생했다. 라틴아메리카 채권 대부분은 채무불이행 상태에 빠졌다. 단지 소수의 광산회사만이 살아남았다. 1825년의 패닉 뒤에 런던에는 소수의 해외 증권만이 존재하고 있었다. 하지만 그 와중에도 미국에는 여전히 대규모 자금이 투자됐다. 미국 동부 해안의 주에는 운하와 철도가 건설되고 있었다. 채권을 발행하거나 주 정부가 지급을 보증하는

아메리칸 패닉

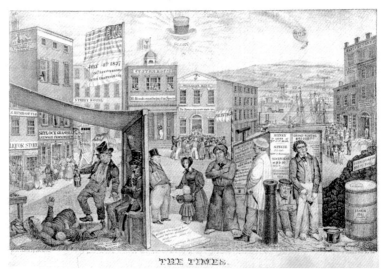

출처: *https://upload.wikimedia.org/wikipedia/commons/9/9c/The_times_panic_1837.jpg*

토지은행 설립 방식으로 자금을 투자했다. 투자금액도 1820년의 약 1,280만 달러에서 1830년에는 약 2,650만 달러, 1840년에는 약 2억 달러로 급증했다. 이 자금의 대부분을 영국에서 투자했다. 1829년에 베어링스가 주관한 루이지애나주 채권처럼 소수의 공채도 있었지만, 일반적으로 미국과 연줄이 있는 상인이나 은행이 증권을 영국에서 분매했다. 이를 위해서 신규증권의 공모업자는 해당 증권의 활발한 유통시장이 필요했다. 해당 증권의 호가가 즉시 이루어지는 것처럼 보이게 하려고 인위적으로 또는 사기적으로 증권거래를 촉발했다. 하지만, 결국, 나중에는 미국의 주 정부도 라틴아메리카의 정부만큼이나 신뢰할 수 없다는 것이 드러났다. 루이지애나, 미시시피, 미시간 3개 주는 채권 상환을 거부했다. 또 다른 5개 주는 일시적으로 배당금 지급을 중단했다. 아메리칸 패닉은 짧았지만, 유쾌하지 못한 사건이었다. 런던거래소의 여러 회원이 도산했다.

주식 거래를 품다

증권시장은 신생 주식회사의 설립 붐과 실패가 진행되면서 전체적으로는 업무가 많이 늘어났다. 44개 광산회사를 포함해서 살아남은 127개의 신생회사 주식 거래가 증가함에 따라 자연스럽게 이익도 늘었다. 위기를 극복한 뒤 영국의 주식회사는 모두 283개사가 존재하게 됐다. 위기가 발생해 해외증권과 신생회사 주식을 거래하던 해외증권시장에 관한 투자자의 관심이 멀어지자 국채 중심시장인 런던거래소가 다시 대중의 관심을 끌게 됐다. 신문들은 매일 금융 관련 기사를 썼다. 런던거래소에 관한 상세한 설명과 논평도 기사로 보도하기 시작했다. 1825년의 기사에서는 연례 회원 가입 제도와 연회비를 징수하는 런던거래소의 회원 관리 규정이 불법 도박꾼과 투기꾼, 그리고 영란은행의 로툰다에 모여 있는 사기꾼으로부터 선의의 증권업자를 분리하는 바람직한 효과를 내고 있다고도 보도했다. 신문은 증권시세표도 게재했다. 런던거래소 회원들은 광고를 금지한 규정을 우회하기 위한 수단으로 재빨리 증권시세표를 이용했다. 신문에 증권시세표를 제공하면서 정보 제공자로 자기 이름을 함께 끼워 넣어 사실상의 광고 효과를 노렸다. 증권업자들은 홍보의 수단으로 메달이나 토큰을 발행하기도 했다.

반면, 런던거래소와 독립적으로 운영하던 해외증권시장은 슬럼프에 빠졌다. 해외증권시장의 회원들은 거래 규모가 작은 해외증권 사업만으로는 수익성을 도저히 맞출 수가 없었다. 이 때문에 많은 사람이 해외증권시장을 떠나고, 남아 있던 약 90명의 회원도 런던거래소와 통합만이 유일한 구원책이 될 수 있다고 믿었다. 런던거래소에 통합에 동의해 달라는 청원서를 제출했다. 1828년 런던거래소 회원자치위원회는 수탁관리자 2명과 회원자치위원회 위원 2명을 선임하는 조건으로 해외증권시장의 회원에 대해 5년간 런던거래소 회원 가입을 허가했다. 반대로 해외증권시장은 해외증권시장의 운영과 관련한 모든 권한을 런던거래소 회원자치위원회에 양도할 것을 결의했다. 양 시장의 합의에도 불구하고 해외증권시장의 일부 회원은 여러 가지 이유로 계속 런던거래소의 회원으로 가입할 수 없었다. 이후에도 몇 년 동안 해외증권시장은 계속해서 독립된 공간에서 운영하고, 해외증권시장 위원회가 존속하면서 어느 정도의 집행 권한도 유지했다.

1831년 런던거래소는 본격적으로 양 시장을 통합 관리하기 위한 규정을 제정하고, 해외증권시장 위원회를 해산했다. 해외증권시장이 차지했던 공간은 계속해서 영국 국채 이외의 증권거래를 위해 사용됐다. 해외증권시장의 회원 수도 1825년의 169명에서 1831년에는 30명으로 급감했다. 1831년 16명의 해외증권시장 회원은 다음과 같이 런던거래소에 어려움을 호소했다.

"안타깝게도 해외증권시장에 과거 상당한 기간 그리고 현재도 아무 거래가 없습니다. 영국 국채시장에 참가할 수 있도록 허가해 주는 것과 같은 현실적인 구제방안을 베풀어 주시기 바랍니다."

1835년 2월, 결국 런던거래소 회원자치위원회는 마지못해 해외증권시장 회원의 국채시장 참가를 허용했다. 다른 무엇보다도 런던거래소 건물의 공간 부족으로 인해 해외증권시장이 사용하던 공간을 활용하고 싶었던 것이 통합의 속내였다고 한다. 마침내 해외증권시장을 폐쇄하고 해외증권시장에 남아 있던 회원에게 런던거래소 회원 자격을 부여했다. 이때 런던거래소는 다른 사업을 영위하고 있어 겸업 금지 조항 때문에 회원 가입 요건을 충족하지 못하는 사람도 회원으로 가입할 수 있도록 재량권을 행사했다. 증권시세표 '외환과 기타 것들의 추이'를 발행하고 있던 제임스 웨텐홀도 해외증권시장에서 심각한 재정적 어려움을 겪었다. 사실 그는 1829년 「채무자 회생법」의 구제를 받았기 때문에 런던거래소 회원으로는 부적격이었다. 일부 런던거래소 회원이 파산회원의 청산 절차 종료 후 2년이 지나기 전까지는 회원으로 재가입할 수 없도록 한 규정의 적용을 면제해 달라고 청원서를 제출하자, 회원자치위원회는 만장일치로 그의 회원 가입을 승인했다.

1820년대 런던에서 해외증권시장의 출현은 런던거래소가 국채 중심시장에서 벗어나 해외증권과 주식 등 다양한 종류의 증권을 취급 상품으로 확대하는 데 큰 역할을 했다. 런던거래소와 해외증권시장의 통합이 이루어지고 몇 년 뒤인 1830년대 후반이 되자 런던거래소에서 국내외 정부채권이 아닌 영국 국내회사가 발행한 주식을 거래하는 것에 대해서도 거부감이 완전히 사라졌다. 1838년에는 런던거래소 총 675명의 회원 중에서 278명이 주식 거래에 참여하게 됐다. 마침내 런던거래소가 안전한 영국 국채뿐만이 아니라 해외증권과 주식 등 위험한 증권의 거래도 품에 안게 됐다.

지방거래소

아일랜드의 더블린증권거래소는 런던거래소가 증권거래회원단으로 공식 창단하기도 전인 1799년에 이미 설립됐다. 하지만, 런던거래소에 큰 위협이 되지는 못했다. 상당한 규모의 아일랜드 내의 영국 국채거래 수요가 런던의 증권업자를 통해서 이루어졌기 때문이다. 증권거래에 있어서 런던의 독점체계를 깨드린 것은 1820~30년대에 영국의 산업지대에서 지방 자본이 주식회사를 설립하면서부터다. 1790년대 지방에서 운하 투기가 발생했을 때와는 달리 지방 자본은 이번에는 가스, 상수도와 철도와 같은 지방의 사회기반시설 건설을 위해 주식회사를 설립했다. 이어 주식회사 체제를 채택한 보험회사와 은행 설립도 이어졌다. 1840년까지 스코틀랜드에는 총 납입자본금 1,860만 파운드의 주식회사 106개사가 설립됐다. 이러한 지방 소재 회사의 주식에 대해 해당 지역민들의 투자가 이어지고, 이는 자연스럽게 지방거래소 설립으로 이어졌다. 1836년 상무장관 풀렛 톰슨은 지방의 불건전한 회사 설립에 대해 경고했다.

"대개는 어처구니없는 종류의 사업을 목적으로 하거나 민간의 개인들이 더 완전하게 수행할 수 있는 사업을 목적으로 하는 (…) 1825년에는 런던이 가장 큰 투기의 중심지였지만, 이런 회사들이 지금은 영국의 지방에 근거를 두고 있는 것이 걱정이다."

지방의 주식회사 붐은 특히 맨체스터와 리버풀에서 강력하게 일어났다. 1836년 맨체스터증권거래소와 리버풀증권브로커협회가 설립됐다. 리버풀증권브로커협회는 1844년에 독자 건물로 이전한 리버풀증권거래소의 전신이 됐다. 뒤이어 1845년까지 신규 지방거래소가 물 밀들이 설립돼 1845년에는 11개 지방거래소가 운영됐다. 글라스고, 에든버러, 맨체스터, 리버풀, 리즈, 버밍햄 및 브리스틀 등 영국의 주요 대도시에는 예외 없이 지역민의 주식투자를 지원하기 위한 지방거래소가 설립됐다. 런던이 국채와 해외채권에 집중하면서 국내주식은 상대적으로 경쟁이 약했다. 이 틈새시장을 지방거래소가 재빨리 차지한 것이다. 하지만, 투기 붐이 사그라지면서 허더스필드증권거래소와 노팅엄증권거래소 등 여러 지방거래소는 문을 닫았다. 1844년 약 500명에 달했던 지방의 증권브로커도 1850년에는 약 400명으로 감소했다. 그러나, 영국 각지에서 지방거래소가 활발하게 설립돼 운영됐던 것으로 미루어 보아, 당시 시장에서 거래할 수 있는 증권의 종류와 투자자 수가 엄청나게 증가했다는 것을 알 수 있다.

매수자 위험부담 원칙

1825년 이후 영국에서는
대략 10년 주기로 호황과 불황이 발생했다. 프랑스 경제학자 조세프
클레망 주글라는 이 경기순환을 이론화해 '주글라 파동'을 발표했다.
1847년에는 또 다른 금융위기가 발생했다. 의회는 1844년 영란은행
이 금 보유액보다 1,400만 파운드 이상의 은행권을 발행할 수 없도
록 「은행 조례」를 통과시킨 바 있었다. 은행권 발행을 금에 묶어두면
신용 창출이 제한되기 때문에 투기가 발생하지 않을 것이라고 믿었
기 때문이다. 철도회사 투기 붐도 일부 원인이 되긴 했지만, 아일랜
드의 감자 대기근으로 밀 수입가격이 오르고, 은행 조례가 통과된
뒤 영란은행의 공격적 재할인정책은 주화와 금 보유액의 고갈을 초
래했다. 영란은행의 금 보유액은 50만 파운드로 떨어졌고, 외환보유
액도 150만 파운드까지 하락했다. 금융위기는 1년 내내 악화했다.
결국, 정부가 은행 조례를 개정해 금 보유액을 초과하는 영란은행
은행권의 추가 발행을 승인하면서 안정화됐다. 은행 조례가 개정됐
지만, 영란은행은 실제 금 보유액을 초과해 은행권을 발행하지는 않

았다. 정부가 영란은행에 대한 은행권 초과 발행을 승인했다는 사실이 알려진 것만으로도 형세를 전환하기에 충분했다.

1854~56년 러시아와의 전쟁으로 인해 영국에서는 1,600만 파운드의 국채가 추가로 발행됐다. 1857년에는 인도 세포이 항쟁이 발생하고, 미국에서는 철도회사가 과도한 부채에 허덕이며 여러 은행이 도산하는 패닉이 발생했다. 1844년 은행 조례를 한시적으로 폐지해 영란은행이 은행권을 초과 발행할 수 있도록 허용했다. 10년 전과 마찬가지로 은행 조례가 폐지됐다는 사실 그 자체가 런던 시티에 알려진 것만으로도 추가적인 폭락을 막을 수 있었지만, 70명이 넘는 런던거래소의 회원이 도산했다. 런던거래소는 결제금액의 절반을 감당할 수 있는 증권업자에게는 결제대금 납입 기한을 연장해 줬다. 이례적으로 며칠 동안은 파산회원을 선언하는 해머링도 없었다. 이 조치를 통해 많은 회원이 증권시장으로 돌아올 수 있었다.

철도 투기

철도는 초창기 많은 사람의 적대적인 태도에도 불구하고 투기 열풍을 불러일으켰다. 영국의 스톡턴과 달링턴 사이에 철도가 개통된 1825년 처음으로 미니 철도 붐이 일었다. 의회도 재빨리 6개 철도 건설법을 통과시켰지만, 미니 철도 붐은 1825년 말 발생한 금융위기로 피지도 못하고 순식간에 꺼져버렸다. 하지만, 1831년 리버풀-맨체스터를 연결하는 철도가 개통되면서 철도는 마차 등 다른 교통수단을 누르고 최고의 교통수단으로 자리를 잡게 됐다.

글로브 기관차

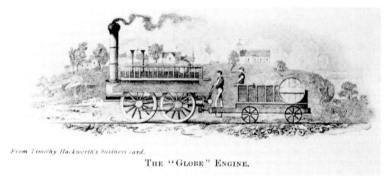

출처: https://upload.wikimedia.org/wikipedia/commons/f/ff/The_Globe_locomotive.jpg

전국적인 철도망 건설을 위한 자금 조달에 있어 지방거래소는 매우 중요한 역할을 했다. 랭카셔, 요크셔, 버밍햄, 브리스틀과 북동부 해안의 지방 도시에도 철도회사의 투자자들이 존재했다. 1835년 『서큘라 투 뱅커스』는 런던거래소의 도움 없이 전국적 철도망을 발전 시켜 철도에 대한 대중의 신뢰를 확립한 것은 놀라운 일이고, 이 자금은 거의 전적으로 영국 북부의 광업 지대와 제조업 지대의 자본가, 사업가와 부유층 투자자한테서 왔다고 주장했다. 하지만, 지방 자본만으로 철도망을 건설했다는 것은 사실과 조금 다르다. 당시 런던의 증권업자들은 이미 전술한 해외증권시장에 영국 철도시장을 개설하고 주식 거래를 하고 있었다. 1825년 설립된 리버풀-맨체스터 철도회사의 주식은 4~5명의 런던 브로커와 철도주식에 특화된 죠버가 있어 초기부터 런던에서 활발하게 주식 거래가 이루어졌다. 지역 유지의 이름이 들어간 청약자 목록이 의회에서 새로운 철도건설을 위한 회사 설립 승인에 유리했지만, 대다수 철도회사에는 런던 브로커의 이름도 청약자로 표시돼 있었다.

철도회사는 일반적으로 광고를 통해 청약자를 모집하고 청약신청서가 접수되면 주식배정서를 발송했다. 청약자는 5~10% 정도의 예치금을 내면 가증권인 스크립증권을 받았다. 최초의 청약자는 스크립증권을 매도한 뒤에도 이를 매수한 자가 철도건설 진척에 따른 회사의 추가 납입 요청을 불응하면 매수자 대신 부분납입주식에 대한 납입을 책임져야 할 의무가 있었다.

영국에서 철도 사업은 1835년을 전후로 두 단계로 구분할 수 있다. 1835년 이전의 철도건설은 버블이라고 보기는 어렵다. 지방의 자본가, 사업가와 부유층 투자자는 철도건설로 인해 자신들의 사업이 발전할 것으로 기대하고 철도주식에 자금을 투자했다. 그러다 1835년 이후부터는 철도 사업이 투기로 변질하기 시작했다. 1835년 첫 번째 철도 붐이 일었을 때는 투기적인 청약자들이 넘쳐났다. 그러나 1839년 말에 접어들면서 투자자들이 큰 손실을 보면서 철도회사에 대한 신뢰도 함께 떨어졌다. 의회가 철도회사에 너무나 큰 권한을 주고 있다고 여겼다. 이에 따라 1840년까지 철도 건설은 거의 정지되고, 철도주식의 가격도 매우 낮았다. 지방에서 발생한 폭동 진압을 위한 군대의 수송에 처음으로 열차를 이용한 것도 이때였다.

하지만, 점차 상황은 변하기 시작했다. 처음에는 실망스러운 수준 이었지만, 열차 여행의 편리함과 빠른 속도에 관해 인식하게 되면서 철도회사의 여객 운송 수입이 증가하기 시작했다. 1843년 말에는 의회가 거의 3,000마일에 달하는 철도 노선 부설을 승인하게 됐다. 1844년에 본격적으로 철도주식 붐이 일어나고, 이듬해인 1845년 철도 투기가 발생해 절정에 달했다. 전체 철도회사의 납입자본금도 1825년에는 20만 파운드에 불과했지만, 1835년 750만 파운드, 1840년 4,810만 파운드, 1845년 8,850만 파운드로 기하급수적으로 증가했다. 1840년대 한때 런던거래소의 회원으로 일하다가 1847년 파산한 작가 에드워드 캘로우[4]는 1845년의 철도 투기를 다음과 같이 기록했다.

"전국적으로 이 위대한 움직임에 굳건하고 진지하게 참여하고 싶은 저항할 수 없는 열망에 빠르게 빠져들었다. 남해회사 버블 이후로 철도회사 투기가 시작됐을 때만큼 그렇게 거대한 투기 심리가 전 국토와 거의 전 계층에 걸쳐 만연했던 적은 없다. 스코틀

---

4 영국과 아일랜드 사이에 있는 맨 섬(Isle of Man)의 민속 설화를 4부작으로 재구성해 유명해졌다. 맨 섬은 엘리자베스 2세가 군주로 있는 영국의 왕실 직할령이다.

랜드 최북단에서 국토의 남단까지 영국은 철도 노선으로 뒤덮었다."

주식배정서를 가지고 런던거래소 주변을 어슬렁거리는 앨리맨 (alley men)도 생겨났다. 앨리맨은 부도덕한 증권업자들의 먹잇감이 됐다. 증권업자들은 앨리맨이 철도회사 청약에 관한 전적인 책임을 부담하겠다는 약정서에 서명하는 대가로 소액의 돈을 주고 앨리맨에게 주식배정서를 매입했다. 이 당시 가등록된 철도회사의 공모에서 투자자들은 청약금의 10%만 내면 주식배정서를 받아 스크립증권을 처분할 수 있었다. 나머지 90%의 부분납입주식에 대한 납입금은 철도 건설 진척상황에 따라 철도회사의 요청에 따라 추가로 내면 됐다. 증권업자들은 앨리맨이 최초 청약금을 대납하도록 한 다음 스크립증권을 가져가고, 나중에 청약자가 부담해야 하는 부분납입주식에 대한 납입 의무는 앨리맨에게 그대로 남겨 뒀다. 이를 통해 철도회사 주가 하락 시에도 증권업자들은 잔여 부분납입주식에 대한 추가 납입 의무는 지지 않고 고스란히 앨리맨에게 떠넘기는 수법을 썼다.

이 당시에는 철도주식을 청약하면서 사전에 증거금을 예치할 필요는 없었다. 이로 인해 아무나 청약에 참여할 수 있었다. 주식을 배정받은 뒤 은행에 예치해야 하는 청약금을 감당할 능력도 없는 수천 명의 사람이 전국에서 철도회사 청약에 참여했다. 수사슴을

뜻하는 스태그(stag)라는 용어가 주식청약에 참여해 주식을 배정받은 뒤 가격이 오르면 재빨리 팔아버리는 것으로 통용되기 시작한 것도 이 시기다. 증권시장이 위치한 케이플 코트도 스태그 앨리라고 불렸다.

『이코노미스트』는 모든 사람이 주식에 빠져 돈을 향한 거대한 행렬에 끼어들었다고 보도했다. 이런 흥분 때문에 런던거래소가 장을 종료한 오후 4시 이후에도 시티의 커피하우스와 골목길에서는 오랫동안 주식 거래가 계속됐다. 런던거래소에서도 브로커의 업무는 북새통을 이루었다. 일반적으로 하루 또는 기껏해야 이틀쯤 걸리던 계좌 정산도 차액 지급, 소유권 이전 및 주주명부 조정에 거의 일주일이나 소요됐다. 런던거래소 신입회원 가입도 늘어났다. 나이 든 회원들은 전에 런던거래소에서 평판이 좋지 않았던 사람들과 심지어는 그들의 객장직원이었던 사람들이 대규모의 수익성 높은 주식 거래를 하는 것을 지켜볼 수밖에 없었다.

물론 붐이 오래갈 수는 없었다. 상무원은 철도회사의 의무 예치금을 자본금의 5%에서 10%로 2배 인상했다. 1845년 10월 16일 금리가 2.5%에서 3%로 인상되자 마침내 패닉이 시작됐다. 모든 주식이 하락했는데, 이 중 철도주식이 가장 심각했다. 1,263개 철도회사 중에서 절반도 못 되는 회사만이 정부 요구 수준의 예치금 납입이 가능했다. 스크립증권을 가지고 있는 청약자에게는 부분납입주식에 대한 추가 납입 통지가 날라왔다. 불과 일주일 전만 해도 스크립 증권을 부의 표상으로 간주하던 사람들이 이제는 가격에 상관없이 처분하려고 안달이 났다. 실질적이고 본질적인 회사 가치는 고려하지 않고 옥석도 구분하려 하지 않았다. 위험을 감수하고 스크립증권을 거래한 런던거래소의 회원들은 패닉이 발생한 후 몇 주 동안 큰돈을 벌었다. 하지만, 매일 전국 각지에서 쇄도하는 매도주문을 버티지 못하고, 결국 시장은 하락하기 시작했다. 런던거래소 안팎에서 빈번히 도산이 발생하고, 런던거래소에서는 파산자 회원을 알리는 망치질 소리가 매일매일 재앙처럼 울려 퍼졌다.

하지만, 철도회사 투기 붐은 대규모 민간 증권에 대한 시장을 형성하고, 전국적인 증권 투자자 확대에 이바지했다. 또, 증권시장이 경제 발전에 필요한 자금 조달에 이바지할 수 있다는 긍정적 인식을 심어주는 중요한 계기가 됐다. 개인투자자들은 처음으로 저축을 정부가 발행한 국채가 아니라 민간기업이 발행한 증권에 투자할 수 있는 수단을 갖게 됐다. 그레이트 웨스턴 철도와 같은 국내 철도회사의 채권이 영국 정부의 콘솔만큼이나 신용도 높고 안전한 증권이 됐기 때문이다.

하지만, 전국으로 흩어져 있는 철도회사 투자자로 인해 처음부터 런던이 철도시장을 완전히 지배하지는 못했다. 철도 투기 붐이 사라지면서 지방거래소가 하나둘 소멸하자 런던이 지방의 철도회사 주식을 수용해 중심적인 위치로 올라섰다. 1853년 런던거래소의 상장 증권 시가총액은 1조 2천억 파운드에 달했다. 이 중에서 철도회사 주식이 약 16%, 해외증권이 약 8%를 차지했다. 1800년대 초반 100%에 가까웠던 영국 국공채 비중이 약 70%로 낮아지긴 했지만, 여전히 압도적인 수준이었다.

철도왕 조지 허드슨

조지 허드슨은 1840년대 중반 철도회사 투기를 잘 보여주는 인물이다. 당대의 재담가 시드니 스미스 신부는 그를 '철도왕'이라고 불렀다. 조지 허드슨은 증기엔진이 가진 잠재력을 재빨리 알아차리고, 물려받은 유산으로 1827년 철도업자로 첫발을 내디뎠다. 그리고 1844년에는 영국 전체 철도망의 1/3에 해당하는 1,000마일 이상의 철도망을 수중에 넣었다. 경쟁회사를 매수하거나, 불법적인 행위도 마다하지 않고 온갖 수단을 동원해 원하는 철도회사의 지배권을 손에 넣었다.

허드슨은 대중의 관심을 끄는 쇼맨십이 뛰어났다. 1844년 뉴캐슬-달링턴 연결선의 개통식에서는 증기열차가 시속 37마일의 엄청난 속도로 300마일이 넘는 거리를 달려 당일 아침 런던의 조간신문을 싣고 게이츠헤드 터미널에 도착하게 했다. 소위 일일생활권을 만

든 것인데 당시로써는 상당한 위업이었다.

허드슨은 철도회사를 통해 부자가 되고 유명해졌다. 고향인 요크에서는 3선 시장이 됐다. 하지만, 철도회사 붐이 사그라지면서 그의 삶도 피폐해졌다. 1847년 철도주식 가격이 급락하고, 그는 부채에 시달렸다. 사기 혐의로 피소되기도 했다. 1849년 이후 해외로 도피했다가 영국으로 되돌아온 뒤에는 감옥에서 복역했다. 19세기 빅토리아 여왕 시대 영국의 지형과 상업의 형태를 변모시킨 위대한 철도 드라마의 주인공 조지 허드슨은 말년을 가난에 시달리다가 1871년 사망했다.

런던거래소 50주년

1852년은 스위팅스 앨리에서 증권거래회원단으로 시작한 런던거래소가 윌리엄 해먼드의 주도로 1802년 새로운 건물을 짓고 케이플 코트로 이전한 지 50주년이 되는 해였다. 이제 런던은 암스테르담과 파리를 제치고 전 세계에서 가장 크고 중요한 증권시장으로 성장했다. 네덜란드의 암스테르담은 나폴레옹 전쟁 이후 예전의 지위를 회복하지 못했고, 프랑스 파리는 정치적인 불안에 시달리고 있었으며, 독일도 통일되지 못하고 분열된 상태였다. 런던은 글로벌 금융 시장에서 경쟁자가 없는 독보적인 위치에 올랐다. 지난 50년간의 여러 도전에도 불구하고 런던 증권시장이 모든 이용자의 요구를 충족할 수 있는 폭넓은 수용성을 가지고 있다는 의미였다. 런던거래소는 롬바드 가 은행의 단기 자금을 주식시장의 장기 자금으로 연결하는 통로가 됐다.

과거 50여 년간 런던거래소의 성공은 지분가격에 그대로 반영됐다. 1802년 케이플 코트의 새 건물을 지을 때 주주인 건물소유주의 최초 출자금은 주당 50파운드였다. 출자에 대한 특별한 제한은 없었으나, 추가 출자금액은 1년에 주당 50파운드로 제한돼 있었다. 주주들이 추가로 출자한 금액은 많지 않았다. 1853년 건물 재건축을 위해 주당 25파운드를 추가 출자했을 뿐이다. 주 수익원이 되는 연회비를 내는 회원 수도 1802년 363명에서 1851년에는 906명으로 증가해 런던거래소의 주주들은 지난 50년 동안 계속해서 이익을 얻었다. 1850년에는 주당 배당금이 15파운드에 달했다. 유료로 판매하는 공식 시세표에 수록된 정보의 양도 런던거래소의 성장과 궤를 같이해서 증가했지만, 1843년까지는 일주일에 2번만 공식 시세표를 발행했다. 철도 붐이 휘몰아친 1844년에 철도주식 시세표를 발행했다가 1857년 공식 시세표와 철도주식 시세표를 일간지로 통합했다.

이즈음 런던거래소의 규정도 150조에 달할 정도로 1812년 판에서 크게 확대됐다. 휴장일인 성금요일, 크리스마스, 왕실 칙령으로 지정한 금식일 또는 추수 감사절을 제외하고 다른 날은 회원자치위원회의 별도 결정이 있지 않으면 모두 개장했다. 은행 휴무일에는 회원자치위원회가 전일 1시에 모여 이튿날의 휴장 여부를 결정했다. 거래소의 영업시간은 10:30~15:00까지였다. 다만, 월요일에는 11:00에 개장하고, 토요일에는 14:00에 폐장했다. 회원자치위원회는 오직 이 시간 중에 이루어진 거래만을 공식적으로 인정했다. 또한, 회원이 아닌 자가 제기하는 문제에 대해서는 회원이 브로커로서 그에게 고용된 것이 아니라면 대응할 의무가 없다고 분명하게 규정했다. 호가에 관한 규정도 여럿 있었다. 공식 시세표에 수록된 종목에 대해서는 호가 수량에 제한이 있었다. 5주 미만의 스크립증권 거래는 시세표에 표기할 수 없었다. 배당락 호가도 규정했다. 양도증서는 4시까지 전달돼야 했다. 강제매수 또는 강제매도 거래는 모든 경우에 공개적으로 이루어져야 했다. 채무불이행자에 관한 사항도 상세하게 규정했다. 모든 회원은 자신을 상대로 부정직하게 거래한 사람의 이름과 주소를 장부에 기재해야 할 의무가 있고, 이 장부는 런던거래소의 직원이 보관하고 있다가 회원에게 공개했다. 회원자치위원회는 파산회원의 이름을 명판에 부착할 권한을 보유했다.

1850년 중반 브로커의 위탁수수료율은 국채의 경우 2실링 6펜스 퍼센트(0.125%)였다. 주식은 가격에 따라 5파운드 미만이면 1실링 3펜스, 5~20파운드의 경우에는 2실링 6펜스, 20~50파운드의 경우에는 5실링, 50파운드 이상의 경우에는 10실링을 차등 적용했다. 참고로 영국은 1971년 10진법 통화제도 도입 이전에는 20진법과 12진법을 혼용했다. 즉, 1파운드(£)=20실링(s)이고, 1실링(s)=12펜스(d)였다. 따라서 1파운드=240펜스였다. 파운드, 실링, 페니(펜스)의 화폐 단위 £(또는 lb), s, d는 영어의 알파벳 첫 문자가 아니라 각각 로마의 리브라(libra), 솔리두스(solidus), 데나리우스(denarius)에서 유래했다.

최저 위탁수수료율 도입 논의는 논란이 됐다. 브로커의 위탁수수료 문제는 언론에서도 많이 다루어졌는데, 수수료가 너무 높다고 보도했다. 1,000파운드로 5파운드 주식 200주를 사는데 브로커에게 수수료를 25파운드(= 200주 × 2실링 6펜스)나 지급해야 한다는 것이었다. 또 다른 불만은 대부분의 철도주식이 채권으로 전환됐는데도 브로커들이 계속해서 주식으로 수수료를 부과하고 있다는 것이었다. 수수료율에 대한 개혁을 요구하는 목소리가 높아지자 런던거래소는 1860년 10월 회원총회를 열었다. 회원총회 결의에 따라 많은 회원의 염려에도 불구하고 12명으로 구성된 수수료 문제 검토를 위한 위원회를 구성해 1861년 5월 회원총회에서 최저 위탁수수료율 도입을 결의했다. 하지만, 런던거래소는 회원의 수수료 문제에 관한 분쟁에는 직접 개입하지 않았다.

런던거래소는 쇼터스 코트와 쓰로그모턴 가에 접한 땅을 추가로 매입해 처음에 서쪽, 다음에 동쪽과 북쪽을 상당히 확장했는데도 회원과 이들의 객장직원이 늘어 매우 비좁고 붐볐다. 객장 공간 확보를 위해서는 완전한 재건축이 필요했다. 이에 따라 건물소유주를 대리하는 수탁관리자들은 1853년 6월부터 케이플 코트 부지의 추가 매입에 6,000파운드를 투자하고, 건축가 토마스 앨러슨의 설계도를 채택해 건물 재건축을 시작했다. 최종 건축비용은 20,000파운드가량 소요됐다. 재건축 기간에 런던거래소는 쓰레드니들 가의 상공회의소 건물을 임차해 임시 객장으로 사용했다. 이 상공회의소 건물은 1838년 화재로 타 버린 프랑스 신교회 터에 건축된 것으로 매우 크고 호화로운 건물이었는데, 런던거래소 재건축 기간 중 회원들이 임시로 사용할 수 있는 유용한 장소가 됐다.

신축 런던거래소 건물은 1854년 3월 개장했다. 건물의 디자인은 1851년의 대영 박람회 메인 홀인 수정궁의 영향을 받았다. 지붕은 나무, 교각과 들보는 철제로 한 벽돌 건물로 이전보다 대지 면적을 2배 이상 확장했다. 건물에는 작은 런천 바도 있었는데, 주인인 노부인은 고객 대부분이 종교 때문에 토요일에는 일하러 오지도 않으면서 외상값을 토요일에 갚겠다고 약속한 악덕 유태인이어서 손해를 보고 있다고 주장했다고 한다.

객장은 국채시장, 국내 주식시장, 철도시장, 광산시장, 해외증권시장 등 각각의 시장을 구역별로 나눴다. 출입구를 통해 엿보이는 런던거래소의 객장에서는 맵시 있는 옷을 입은 날카로운 외모의 신사들이 열정적으로 대화를 나누면서 증권거래를 하는 모습을 볼 수 있었다고 한다.

THE PRESENT STOCK EXCHANGE.

출처: https://upload.wikimedia.org/wikipedia/commons/2/2a/ONL_%281887%29_1.481_-_The_
Present_Stock_Exchange.jpg

　런던거래소의 회원은 900명이 넘었다. 모든 회원은 런던 시티 내
에 거주지를 두어야 했다. 시티에 거주지가 없으면 합법적인 공인
브로커가 될 수 없었다. 브로커들은 흥청망청 돈을 잘 쓰고, 멋지
고 맵시 있는 외양에 신경을 썼다. 톱 부츠를 신고 금장 버튼의 블
루코트에 주름 장식이 있는 셔츠를 입고 깨끗한 흰색 스카프를 맸

다. 머리는 피그테일로 깔끔하게 묶어 뒤로 넘겼다. 일부 회원들의 헤픈 씀씀이는 적대적이지는 않았지만, 대중의 많은 의심을 불러일으켰다. 특히 채무불이행자는 많은 비난을 받았다.

차티스트 데이

1832년 선거법 개정으로 도시 중산층이 선거권을 획득하자 노동자들은 헌장을 선포하고 자신의 권익 관철을 요구했다. 총리 그레이 백작의 개혁 실패에 대한 실망과 노동자에 대한 선거권 부여가 실패하면서 1838년부터 1840년대 중반까지 차티스트 운동이 일어났다. 차티스트들은 1848년 4월 10일 케닝턴 커먼에서 대규모 집회를 개최하기로 했다. 정부는 이를 금지하고, 런던을 방어하기 위해 병력을 배치했다. 영란은행과 왕립거래소 등 런던 시티의 주요 기관 대부분은 무장 경비원과 모래주머니로 방어벽을 세웠다.

차티스트의 행진로가 런던 시티 중심부를 통과하는 것은 아니었지만, 약 12,000여 명의 시위대가 외곽의 핀스베리 스퀘어에 결집해 비숍스게이트와 그레이스처치 가를 통해 런던 브리지 쪽으로 행진했다. 런던거래소는 롬바드 가의 은행들이 이미 보유 증권을 영란은행에 보관하기 위해 보냈다는 것에 주목하면서 왕립거래소에 특별 경찰로 가 있던 위원장과 부위원장을 빼고 하우스 폐쇄 여부를 논

차티스트 데이

CHARTIST
DEMONSTRATION!!
"PEACE and ORDER" is our MOTTO!

TO THE WORKING MEN OF LONDON.

Fellow Men,—The Press having misrepresented and vilified us and our intentions, the Demonstration Committee therefore consider it to be their duty to state that the grievances of us (the Working Classes) are deep and our demands just. We and our families are pining in misery, want, and starvation! We demand a fair day's wages for a fair day's work! We are the slaves of capital—we demand protection to our labour. We are political serfs—we demand to be free. We therefore invite all well disposed to join in our peaceful procession on

MONDAY NEXT, April 10,

As it is for the good of all that we seek to remove the evils under which we groan.

The following are the places of Meeting of THE CHARTISTS, THE TRADES, THE IRISH CONFEDERATE & REPEAL BODIES:

East Division on Stepney Green at 8 o'clock; City and Finsbury Division on Clerkenwell Green at 9 o'clock; West Division in Russell Square at 9 o'clock; and the South Division in Peckham Fields at 9 o'clock, and proceed from thence to Kennington Common.

Signed on behalf of the Committee. JOHN ARNOTT, Sec.

출처: https://upload.wikimedia.org/wikipedia/commons/f/f2/Char-tist_Demonstration_Kennington_Common_Flyer_1848.jpg

의했다. 멀린스는 런던거래소 폐쇄라는 조치가 영국뿐 아니라 유럽 전역에 심각하고 불필요한 경보를 일으키는 원인이 될 수 있다고 주장했다. 회원들은 오후 2시까지 초조하게 시위 결과를 기다렸다. 마침내 차티스트들이 행진을 포기하고 케닝턴 커먼을 떠나고 있다는 소식이 전해졌다. 런던거래소에서는 열정적인 국가가 울려 퍼졌다. 즉각, 국채인 콘솔 가격이 반등했다.

Caveat emptor

「1862 회사법」은 런던거래소 회원들의 큰 관심을 받았다. 1720년의 남해회사 버블 사건은 그간 영국에서 주식회사의 발전에 심각한 지장을 초래했다. 모든 주식회사가 의회의 인가를 받아야만 설립될 수 있었기 때문이다. 하지만, 1830년대 대규모 외부 자본이 필요한 철도회사의 성장으로 상황은 변하기 시작했다. 철도 투자 열풍을 진정시키기 위해 정부는 대출 제한 및 「1844년 철도법」 제정 등 여러 조처를 했지만 성공하지는 못했다. 마침내, 정부는 1844년에 「주식회사법(Joint Stock Company Act)」을 제정해 주식회사 설립 요건을 완화했다. 이때부터 주식회사도 의회의 인가를 받지 않아도 설립할 수 있게 됐다. 여기에 1862년 제정된 회사법은 개혁에 가까웠다. 이제 주식회사는 간단한 조건을 충족하고 정관만 제출하면 회사를 설립하고 법인격을 얻을 수 있었다. 자본은 무제한의 양도가 가능한 주식으로 구성되고, 주주는 출자금액에 대한 유한책임의 혜택을 받게 됐다. 신설회사의 주식청약에 참여해 주식을 배정받은 뒤 가격이 오르면 재빨리 팔아버리는 스태깅은 금지됐다. 주식 청약자들은 지정은행에 주당 1파운드나 2파운드의 청약증거금을 예치해야만 했다. 원활한 회사 설립을 위해 발기업자는 유명인을 이사진에 포함하고, 매력적인 투자설명서를 제시했다. 증권시장에서 해당 주식에 대한 가공의 거래 가격을 만드는 유혹에도 빠졌다.

1864년 런던거래소는 청약주식의 배정이 실제로 이루어진 뒤가 아니라면 새로운 주식에 대한 어떠한 거래도 허용하지 않겠다고 결정했다. 오스트레일리안 앤드 이스턴 내비게이션 컴퍼니 주식의 사전 매점매석(corner)이 문제가 됐기 때문이다. 런던거래소는 사건의 실상에 대한 조사를 시행해 해당 주식의 결제를 승인하지 않았다. 이로 인해 해당 회사는 이사들이 애통해했지만, 문을 닫을 수밖에 없었다. 런던거래소는 몇 달 뒤 청약주식 배정 전(前) 거래 금지 규정을 더욱 강화했다. 하지만, 이는 채 1년도 지속하지 못했다. 1865년 이 거래를 원하는 수많은 요구에 직면해 금지 규정이 제대로 지켜지지 않았기 때문이다. 많은 런던거래소 회원이 작년에는 청약주식 배정 전 거래 금지를 지지했다가 올해는 해당 규정의 폐지를 요구했다. 런던거래소는 청약주식 배정 전 거래를 금지하는 것이 바람직하지만, 이를 강제하는 것은 불가능하다는 것을 인정하면서 마침내는 해당 규정을 폐지했다.

19세기 런던 시티는 진정으로 '매수자 위험부담 원칙(Caveat emptor)'이 지배했다. 라틴어 Caveat emptor는 '물건을 사는 사람이 조심해야 한다'라고 직역되는데, '매수자가 알아야 한다(let the buyer beware)'라는 뜻이다. 중세 영국의 관습법에서 기인한 법률용어인데, 무엇인가를 구매할 때는 상품의 하자 유무에 대해서 매수자가 확인할 책임이 있다는 의미다. 증권 투자에 있어 매수자의 자기 책임 원칙을 강조한 말이라 할 수 있다.

성장통

오버렌드 거니(Overend Gurney)는 1850년대 후반 유서 깊고 유명한 런던의 할인상사(Discount house)로 한때는 영란은행의 경쟁자로 부상하기도 했다. 오버렌드 거니는 젊은 파트너들이 경영을 맡으면서 곡물 매매, 선박 소유, 철도회사 대출 및 투기적인 분야로 사업 다각화를 추진했다. 수익성이 매우 높은 어음할인 업무에도 불구하고, 오버렌드 거니는 신용 위험 평가를 거의 하지 않고 연장한 부실 대출로 막대한 손실을 보고 파산의 갈림길에 서게 됐다.

1865년 파트너들은 상황을 타개하기 위해 회사를 주식회사로 전환했지만, 당시 전반적인 경제 불안, 악성 루머 및 채무자로부터 대출금을 회수할 수 없다는 법원의 판결 등에 직면해 무너졌다. 1866년 5월 9일 영란은행에 지원을 요청하지만, 부실을 이유로 영란은행으로부터도 지원을 거부당했다. 결국, 오버렌드 거니는 5월 10일 지급중단을 선언하고, 총자산 1,100만 파운드에 대략 1,900만 파운드의 부채를 남기고 파산했다. 『이코노미스트』의 편집장 월터 배젓[5]은 5월 11일 검은 금요일을 롬바드 가의 신용이 완전히 붕괴하고 여태껏 본 적 없는 거대한 불안감이 엄습하고 있다고 기록했다.

당시 민간은행이었던 영란은행은 오버렌드 거니에 대한 지원은 거부했지만, 패닉 진화를 위해 자체 적립금을 털어 생존 가능한 은행과 다른 금융기관의 재융자 지원을 위한 역대 최대 규모의 대출을 시행했다. 어음 할인율은 2.5%에서 10%로 4배가량 급등했지만, 다음 달 금융시장은 안정을 되찾을 수 있었다. 월터 배젓은 영란은행의 최종대부자(lender of last resort) 역할에 찬사를 보내며, 앞으로도 유사한 비슷한 상황이 벌어지면 영란은행이 최종대부자로 나설 것이라고 기대했다.

사실, 1866년 오버렌드 거니 사건은 유한책임의 주식회사제를 은행과 금융회사를 포함한 모든 형태의 기업으로 확대한 1862년 회사법의 규제 완화의 영향이 컸다. 결국, 정부는 「1867년 주식회사제 은행의 주식에 관한 법률(약칭 1867년 리먼법)」을 제정해 위기의 원천이 된 주식회사제 은행 주식에 대한 투기를 중단시키고, 주주명부에 기재된 사람이 아니면 주식의 매각을 금지했지만, 런던거래소 회원

---

5 『이코노미스트』를 창간한 스코틀랜드의 경제학자 제임스 윌슨의 딸과 결혼해 1861년부터 『이코노미스트』 편집장으로 활동했다. 대표작으로 '영국 헌정(1867)', 런던의 은행과 금융계를 분석한 '롬바드 가(1873)' 등이 있다.

투기에 대한 경고

FUN.—MAY 26, 1866.

A BANK STOCK(ING).

The Old Lady of Threadneedle Street :—" NOW, MY YOUNG FRIENDS, LET THIS BE A WARNING TO YOU AGAINST RASH SPECULATION. WHAT WOULD YOU HAVE DONE BUT FOR MY LITTLE SAVINGS!"

'쓰레드니들 가의 노부인' 영란은행이 오버렌드 거니 위기에
자신의 적립금이 들어 있는 스토킹(stock)을 움켜쥐고
런던 시티의 금융기관을 훈계하는 『펀치』 만평

"이보게, 젊은이들, 이번 일을 분별없는 투기에 대한 경고로 삼게.
내가 조금 저축한 돈이 없었다면 어쩔 뻔했나?"

들은 예전 버나드법처럼 이 법을 무시했다.

그러나 오버렌드 거니 사건의 여파로 인해 증권회사의 사업이 침체하고, 예전에는 불완전하게 이해하고 있던 주식회사 유한책임의 의미도 새삼 깨닫게 됐다. 1869년 재판에서 오버렌드 거니가 주식회사로 전환하면서 제공한 투자설명서가 사기였다는 혐의로 기소된 6명의 오버렌드 거니의 이사들에 대해 법원은 무죄를 선고했다. 오버렌드 거니가 주식회사로 전환하면서 발행한 부분납입주식의 주주는 전액 납입 책임을 져야 한다는 것도 드러났다. 부분납입주식은 은행과 할인상사에 대해서는 얼마 전에야 법적으로 허용된 제도였다. 법원은 오버렌드 거니의 주주들에게 주당 25파운드를 추가로 납입하라고 판결했는데, 이 판결로 인해 주식회사에 대한 매력이 떨어져 주식 투자가 침체했다. 이 때문에 런던 증권시장의 국내주식 업무는 거의 정지됐다.

19세기 후반 국제 금융센터 런던은 베어링스(베어링 브라더스)로 인해 다시 한번 한파가 몰아닥쳤다. 베어링스는 당시 런던에서 로스차일드에 이어 두 번째로 규모가 큰 유서 깊은 머천트뱅크였는데, 미국 철도에 많이 투자했다. 아울러, 아르헨티나와 우루과이의 은행, 철도, 상하수도 회사 설립도 주관했다. 특히, 미국 서부와 마찬가지로 밀을 재배하고 철도건설에 바빴던 아르헨티나에는 대규모 자금을 투자했다. 1885~90년 사이 베어링스를 통해 1억 4,000만 파운

The Subscription will be opened on Thursday, the 15th instant, and will be closed on or before Monday, the 19th instant, at Two o'clock, p.m.

ARGENTINE REPUBLIC.

BUENOS AYRES WATER SUPPLY & DRAINAGE COMPANY, LIMITED.

SHARE CAPITAL, £5,000,000,

IN

300,000 Six per Cent. Preference Shares of £10 each,

AND

200,000 Ordinary Shares of £10 each.

(It is proposed to issue £4 per Cent. Debentures for £5,000,000, as hereinafter referred to.)

The Preference Shares are entitled to a Cumulative Preferential Dividend of £6 per Cent. per annum and priority in distribution of Capital.

ISSUE OF

300,000 Preference and 50,000 Ordinary Shares.

Messrs. BARING BROTHERS & CO. (having entered into an Agreement with the Contractors for the purchase of the above-named Preference and Ordinary Shares) offer the same **at par**; payable as follows :—

£0 10 0	per Share	on application,	
2 10 0	,,	on allotment,	
2 0 0	,,	on 8th January, 1889,	
2 0 0	,,	on 8th March,	,,
2 0 0	,,	on 8th May,	,,
1 0 0	,,	on 8th July,	,,
£10 0 0			

Payment in full may be made upon any date fixed for instalment, and interest will be allowed on the amount so paid in advance at the rate of 3 per cent. per annum.

Interest at £6 per cent. per annum in lieu of profits will be paid by the Contractors from the above dates during construction on the instalments payable on the Preference Shares.

Directors.

HENRY R. GRENFELL, Esq., Chairman.
GEORGE W. DRABBLE, Esq., Chairman London and River Plate Bank.
Sir E. G. JENKINSON, K.C.B., Director of the Manchester Ship Canal.
Major-General Sir HOWARD C. ELPHINSTONE, R.E., C.M.G., K.C.B., V.C.
Colonel ROBERT BARING, Director of the Northern Insurance Company.
J. COGHLAN, Esq., C.E., Director of the Buenos Ayres Great Southern Railway.
*C. H. SANFORD, Esq. (of Messrs. Samuel B. Hale & Co., Buenos Ayres).
* Will join the Board after Allotment.

Bankers.

Messrs. GLYN, MILLS, CURRIE & CO., London.
LONDON & RIVER PLATE BANK, Buenos Ayres.

Government Engineers.

Messrs. BATEMAN, PARSONS & BATEMAN.

Solicitors.

Messrs. BOMPAS, BISCHOFF, DODSON & COXE.

Secretary.	Registered Office.
J. HUTTE BOUWER, Esq.	No. 96, Gresham House, London, E.C.

출처: *https://i1.wp.com/bankunderground.co.uk/wp-content/uploads/2016/02/figure1.png?resize=1100%2C1735&ssl=1*

드의 자금이 아르헨티나에 투자됐다. 1888년 11월에는 주관한 아르헨티나 부에노스아이레스 상하수도회사의 증권 공모가 공모물량 2백만 파운드 중 약 15만 파운드만이 투자자에게 매각되면서 실패하자 베어링스는 어음인수를 통해 자금을 지원했다.

하지만, 1889년 흉작과 쿠데타에 이은 인플레이션으로 인해 아르헨티나가 채권의 원리금을 감당할 수 없다는 루머가 돌면서 아르헨티나에 대한 투자가 급감하고 베어링스의 부실 채권은 늘어갔다. 대서양을 가로질러 연결된 해저 전신망을 통해 베어링스의 부실이 심각해 미국 철도회사에 대한 투자가 어렵다는 소문이 돌았다. 베어링스는 미국 투자를 줄이고 채권 상환을 요구하기 시작했다. 런던의 자본이 사라지자 미국 철도회사는 자금난을 겪으면서 주가와 채권가격이 더욱 내려갔다. 자금난 해소를 위해 베어링스는 시장에서 대출을 받기 시작했다. 1890년 10월 말 베어링스의 부채는 1,570만 파운드로 누적됐다. 자본금 400만 파운드에 총자산 2,000만 파운드의 베어링스에게 부채가 절대적으로 크다고 볼 수 없지만, 문제는 자산 중 아르헨티나 증권이 830만 파운드에 달한다는 점이었다.

1890년 베어링스는 자산 고갈과 주식 매각 불능의 유동성 부족에 빠져들었다. 런던 시티는 신용 상황이 악화하면서 안전자산 회귀 현상이 나타나고 유동성도 고갈되고 있었다. 로이드 은행조차도 현금 확보를 위한 50만 파운드의 콘솔 매각에 실패할 정도였다. 자존심을 버리고 라이벌 관계였던 로스차일드에 지원을 요청했다가 거부당하자 마침내 베어링스는 1890년 11월 8일에 영란은행에 심각한 상황을 실토하고 지원을 요청했다. 베어링스의 상황이 대중에게 알려지면 뱅크런(bank run)을 야기하고, 뱅크런 대응을 위한 자산 매각은 런던의 다른 은행도 위험에 빠뜨리고 시장에 패닉을 초래할 수도 있었다. 영란은행은 재무부에 상황을 알렸다. 재무장관 조지 고센은 베어링스 실패가 초래하는 패닉과 불황의 여파를 크게 우려했다. 베어링스에 비하면 1866년의 오버렌드 거니 위기는 새 발의 피로 여겨질 정도였다. 하지만, 재무부는 정부가 직접 베어링스 위기에 개입하는 것을 거부하고 영란은행의 역할을 주문했다. 베어링스 구제자금은 대략 8~900만 파운드로 추산됐다. 하지만, 당시 영란은행도 금 보유액이 1,080만 파운드에 불과할 정도로 위험한 수준으로 떨어져 있었기 때문에 뱅크런과 파운드화 하락이라는 이중의 위기를 우려할 수밖에 없었다.

영란은행은 재무부가 나대니얼 로스차일드의 유럽 내 네트워크를 통해 지원을 요청하도록 했다. 이에 따라 프랑스은행과 러시아 국립은행은 각각 금/영국국채 300만 파운드, 150만 파운드의 스왑 계약을 체결했다. 러시아 정부가 베어링스에 예치한 240만 파운드를 인출하지 않겠다는 약속도 받았다. 이를 통해 영란은행은 가까스로 베어링스 구제금융을 위한 자금 여력을 확보할 수 있었다. 이에 더해 11월 14일 프랑스의 알폰세 로스차일드는 베어링스와 관련

옛날과 똑같은 투기

"SAME OLD GAME!"

Old Lady of Threadneedle Street. "YOU'VE GOT YOURSELVES INTO A NICE MESS WITH YOUR PRECIOUS
'SPECULATION!' WELL—I'LL HELP YOU OUT OF IT,—FOR THIS ONCE!!"

'쓰레드니들 가의 노부인' 영란은행이 베어링스 위기에
런던 시티의 금융기관을 훈계하는 『펀치』 만평

"학생들은 대단한 투기로 스스로 멋진 혼란에 빠졌군. 자, 도와줄게. 이번 한 번만이야!"

한 상황이 1889년에 발생한 프랑스의 Comptoir d'Escompte de Paris 은행 사건과 동일한 형태라며 영국 신디케이트 보증기금 조성을 촉구하고, 로스차일드 가문도 해당 보증기금 출연 등 런던 금융 시장 안정을 위한 역할을 하겠다고 제안했다.

11월 15일 마침내 베어링스 구제금융 패키지가 발표됐다. 영란은행이 베어링스 부채 소각을 위해 750만 파운드를 제공하고, 베어링스 청산 과정에서 생길 수 있는 잠재적 손실에 대비해 4년 기한의 1,710만 파운드에 달하는 신디케이트 보증기금도 신속하게 조성했다. 런던 금융 시스템의 저력이 드러나는 순간이었다. 베어링스는 재자본화를 완료한 우량은행 '베어링 브라더스 주식회사(Baring Brothers & Co. Ltd.)'와 영란은행이 관리하는 부실은행으로 분할됐다. 그간 베어링스가 런던 시티에서 쌓아 온 명성, 영광, 지위 그리고 모든 것이 한순간에 사라졌다. 옛 무한책임회사 베어링스 파트너들의 개인 투자자산과 부동산 매각 자금을 부실은행의 손실에 충당했다. 이 때문에 영란은행을 중심으로 런던의 금융기관들이 조성한 신디케이트 보증기금을 실제로 사용하지는 않았다.

증권업계는 베어링스가 위기를 모면한 것에 대해 크게 안도했다. 12월 30일 런던거래소의 회원자치위원회 위원장, 부위원장 그리고 상근 사무장이 영란은행 총재를 방문해 감사의 인사를 전했다. 베어링스가 도산했다면 많은 런던거래소 회원뿐만이 아니라 은행, 할

인상사와 런던 전체 금융 시스템의 파멸을 가져왔을 것이다.

해외채권특별위원회

해외채권은 심각한 불안 요인이 됐다. 특히 온두라스, 산토도밍고, 코스타리카와 파라과이 채권이 문제였다. 4개국 모두 채무이행을 거부했기 때문이다. 그간 이들 국가는 기상천외한 계획을 추진해 왔다. 온두라스는 대서양과 태평양을 연결하는 철도를 건설하기 위해 런던에 세 번이나 방문했다. 1872년의 프로젝트에서는 외항선을 지협(地峽)을 가로질러 운반해 건너편 바다에 내려놓는 유압식 리프트를 건설하려 했다. 이런 프로젝트를 포함해 지난 15년간 총 7억 2,000만 파운드에 달하는 약 150여 개의 의심스러운 해외채권이 발행됐다. 의회는 1875년 2월에 해외채권특별위원회를 구성했다.

런던거래소 회원자치위원장 새뮤얼 허먼 드 조에티를 포함해 여러 런던거래소 회원들이 특별위원회에 증인으로 소환됐다. 채무국의 원리금 상환 능력, 발행 금액의 적정성 및 채권 배정의 완결성에 대해 런던거래소가 얼마나 많은 조사를 했는지에 대한 상세한 질문이 이어졌다. 조사 결과 런던거래소가 특정 종목 거래에 대한 회원 간의 결제를 허용하고, 런던거래소의 공식 시세표에 해당 종목을 포함하는 상장 결정이 채권의 매입자를 보호할 수 없다는 것이 명백

해졌다. 1875년의 특별위원회 보고서는 이 점을 신랄히 비판했다.

특별위원회 보고서는 해외채권 발행과 관련한 자세한 전후 사정과 발기업자의 잘못된 관행에 대부분을 할애하고, 채권 발행 주관사가 채무국의 재무 상황을 제대로 고려하지 않았다고 보았다. 조사만 제대로 했으면 채무국의 재무 상황이 원리금 상환에 상당히 불충분하다는 것을 알 수 있었을 것이라 지적했다. 투자설명서는 과장되고, 일반인들이 불충분한 담보에도 불구하고 채권을 매입하도록 유인한 수단도 분명히 사기적이었다고 지적했다. 채권 배정이 이루어지기도 전에 계약자들이 채권을 매매한 것은 특히 질책의 대상이 됐다. 특별위원회는 증권의 배정 전 거래(pre-allotment dealing), 인위적인 가격 부양, 겉만 번지르르하게 언론에 게재한 과장 광고 및 대규모 공매도에 반감을 드러냈다. 그러나, 런던거래소의 업무가 우량증권뿐만 아니라 거래가 가능한 모든 증권을 매매할 수 있도록 하는 것이라는 점에서 런던거래소에 대해서는 우호적 입장을 견지했다. 특별위원회의 보고서는 다음과 같은 기대를 표현하면서 끝을 맺었다.

"특별위원회의 보고서가 담고 있는 해외채권의 역사가 대중을 계몽하는 한편, 비양심적인 사람들이 이토록 깊은 불신과 재앙으로 끝이 난 그런 계획을 실행하기 매우 어렵게 만들 수 있게 되길 바란다."

왕립위원회

증권시장에 대한 대중의 불만도 증가하고 있었다. 1875년의 해외 채권특별위원회의 조사만으로는 이 불만을 잠재우기에 충분하지 않았다. 의회는 다시 한번 증권시장에 관한 문제를 제기했다. 도박을 조장하고, 규정을 지키지 않으며, 잇달아 터져 나오는 해외채권에 관한 스캔들에 연루돼 있다는 이유로 증권시장을 비판했다. 보수당의 전신인 토리당의 J.R. 요크 의원은 런던거래소가 도박을 조장하게 된 것이 신원 보증이 미약한 하류계층을 회원으로 받아들였기 때문이라고 주장했다.

1877년 보수당 정부는 런던거래소 조사를 위한 왕립위원회를 설치했다. 왕립위원회에는 '런던거래소의 기원, 목적, 조직, 규정과 여러 관행이 법률과 공공정책의 요건에 부합하는지 조사하고, 개선점을 발굴하는 업무'가 부여됐다. 왕립위원회는 펜잔스 경이 위원장을 맡고, 의회 의원 3명, 나대니얼 로스차일드, 전임 영란은행 총재 및 런던거래소 회원자치위원장과 같이 런던 시티의 유력인사 11명의 위원으로 구성됐다. 하지만, 『이코노미스트』와 『타임스』는 왕립위원회 설치를 강하게 비판했다. 『타임스』는 증권시장이 조정이 필요한 기계가 아니고, 사기성 벤처기업에 대한 해결책은 이들 벤처기업에 대한 음모를 꾸며 낸 자들을 처벌하는 것이라고 정부를 신랄하게 비판했다.

런던거래소 회원자치위원장 셉티머스 R. 스콧은 10개월간의 왕립위원회 청문회와 조사에 참여해 큰 역할을 했다. 청문회는 런던거래소가 휴장한 토요일 오후에 열렸는데, 50여 명이 넘는 증인이 출석해 거의 9천여 개에 달하는 질문과 답변을 주고받았다. 이를 통해 과거에는 일반인들에게 잘 알려지지 않았던 런던거래소에 관한 많은 부분이 새롭게 드러났다. 처음으로 조사를 받은 사람은 런던거래소의 상근 사무장 프랜시스 레비안이었다. 그는 런던거래소의 기원과 목적에 대해 '첫째, 즉시 이용할 수 있는 시장을 제공하고, 둘째, 모든 계약이 신속하고 즉각적으로 이루어질 수 있는 규정을 제정하는 것'이라고 매우 간결 명료하게 진술했다. 레비안은 회원의 자격요건에 대해서도 집중적으로 질문을 받았다. 사실 당시 회원 가입과 관련해 특별히 정해진 자격요건은 없었다. 레비안은 회원 가입 전 어떤 형태로든 수습경력이 필요하다는 의견을 완강하게 부인하고, 회원 가입 신청자의 신용과 개개인의 품성이 그 무엇보다도 중요하다고 주장했다. 그러면서 어쨌든 회원 대부분은 과거에 객장 직원으로 일한 경험이 있다고 했다.

왕립위원회는 런던거래소 회원 가입에 제한을 가하는 것이 바람직하고, 런던거래소가 회원 가입을 제한할 수만 있다면 이 소란을 가라앉히고, 왕립위원회가 조사해야 하는 증권시장의 부도덕성을 없애는 데 도움이 될 것이라 제안했다. 그러나, 런던거래소의 상근 사무장 레비안은 이에 반대했다. 금전적인 요건으로는 충분하지 않고, 가장 바람직한 것은 회원 가입 신청자가 훌륭한 품성과 신용을 가진 사람이라는 것을 알기 위해 모든 수단을 동원하는 것이라고 주장했다. 하지만, 과거 객장직원으로 경험을 쌓은 회원들의 도산 가능성이 상대적으로 낮다는 점은 레비안도 인정했다.

청문회는 더욱 전문적으로 진행됐다. 브로커와 죠버의 차이에 관해 정부브로커 존 헨리 대니얼은 브로커와 죠버를 서로 다른 것으로 보고 있다고 진술했다. 그러나, 콘솔시장과 아메리카시장에서는 브로커와 죠버의 행위가 중첩되는 많은 사례가 존재했다. 특히 아메리카 증권에는 많은 죠빙브로커가 활동하고 있었다. 런던거래소는 1847년까지 죠버(자기매매)와 브로커(위탁매매) 양자의 업무를 수행하는 이중자격(dual capacity)을 공식적으로 금지하지 않았다. 이중자격은 회원을 자기계정으로 매매하는 죠버와 위탁자의 증권거래를 중개하는 브로커로 구분하고 동일인이 양 업무를 겸영할 수 있도록 허용한 제도다. 그러나 이 해 런던거래소는 어느 하나의 당사자가 동일 거래에서 브로커와 죠버 양자의 역할을 담당하는 경우에 발생할 수 있는 이해 상충을 인식하고 이중자격을 금지하고, 단일자격을 도입했다. 하지만, 런던거래소의 다른 많은 규정처럼 엄격하게 집행되지는 않았다. 가족 전체가 증권업에 종사하면서 형은 브로커로, 동생은 죠버로 업무를 수행하는 사례도 흔했기 때문에 사실상 이중자격 금지 규제를 우회할 수 있었기 때문이다.

왕립위원회는 청문회와 조사를 통해 런던거래소의 규정 관리방식을 공식적으로 인정했다. 또한, 그간 런던거래소에서 서면 계약의 부재가 특별한 문제를 초래하지 않았다는 점도 인정했다. 왕립위원회는 런던거래소에서 체결된 수백만 건의 거래 중에서 서면 계약의 존재 여부나 계약의 조건과 관련해 실제 분쟁이 거의 없었다는 사실을 긍정적으로 주목했다. 왕립위원회는 런던거래소의 죠버 시스템도 긍정적으로 평가하고 승인했다.

"딜러는 런던거래소만이 독특하게 지닌 특징적인 제도다. 외국이나 지방거래소에는 이에 견줄만한 것이 없다. 죠버 시스템이 대중에게 최대의 가치를 부여하는 것이라는 것을 주저 없이 단언할 수 있다. 증권의 매수자나 매도자는 잠재적인 거래상대방을 탐색할 필요 없이 단번에 거래를 끝낼 수 있다. 죠버 시스템이 제공하는 편리함은 매우 커서 지방거래소나 해외거래소의 주문이 런던거래소에서 체결되도록 전달된다."

왕립위원회는 주주인 건물소유주를 대표하는 수탁관리자위원회와 회원을 대표하는 회원자치위원회라는 런던거래소의 이중통제 시스템은 개선이 필요하다고 보았다. 2개 위원회의 통합을 권고했다. 상장회사의 조사와 관련한 왕립위원회의 태도도 몹시 흥미롭다. 런던거래소가 상장회사를 조사하지 않은 것을 비판한 것이 아니라, 너무 많이 조사한 것을 비판했다. 공무원이 상장회사의 조사를 수행하도록 법으로 강제하자는 제안도 있었지만, 왕립위원회는 이를 반대했다. 칙허장이나 의회의 법률을 통해 공적기관에 런던거래소 정관 변경 권한을 부여하고, 런던거래소를 법인화하자는 개혁적인 제안도 있었지만, 왕립위원회는 국가를 통한 런던거래소의 규제를 반대했다.

왕립위원회는 심도 있는 조사를 통해 증권시장의 운영방식을 자세하게 밝혀냈지만, 대중의 불만을 완화할 수 있는 실효적인 조처를 하지는 않았다. 런던 시티를 연구한 역사학자 데이비드 키나스톤은 '코끼리처럼 커다란 증거를 가지고도 생쥐처럼 작은 보고서'를 만들었다고 왕립위원회 조사를 신랄하게 비판했다. 하지만, 이 태산명동에 서일필의 기저에는 당시 만연한 자유 방임 정신과 런던 시티의 이익이 잠재적으로 침해될 수 있다는 우려가 깔려 있었다. 이 때문에 런던거래소를 중심으로 한 증권시장의 업무는 아무런 변화 없이 계속됐다.

1858년 초반에 증권업자들은 시티 당국이 부과하고 있는 면허의 굴레에서 벗어날 수 있게 해달라고 탄원서를 하원에 제출했었다. 의회는 시티 당국에 브로커에게 굴레가 돼 온 법적 제약을 폐지할 것을 권고했다. 재무부는 기한부거래나 옵션거래를 금지한 버나드법도 폐지하기로 했다. 하지만, 시티 당국의 면허와 관련한 제약은 변함없이 유지되고 있었다. 「1870년 브로커 구제법」은 브로커의 보증금과 보증인 제도 등을 폐지했지만, 여전히 각종 성가신 조건들이 남아 있었다. 왕립위원회는 이 제약에 반대했다. 왕립위원회의 조사가 런던 시티의 증권업자에게는 전화위복이 된 것이다. 당시 런던 시티 당국은 브로커 면허세를 통해 큰 수입을 얻고 있었다. 런던거래소는 시티 당국에 브로커 면허 폐지에 관한 법안 제정 추진 의사를 통보했다. 이후 「1884년 브로커 구제법」이 제정되고, 1886년 9월 발효됐다. 시티 당국이 브로커에게 부과하고 있던 수백 년 묵은 면허의 굴레가 마침내 사라졌다.

전신과 전화의 도입

전신의 발명은 런던거래소의 증권거래 업무에 일대 혁신을 일으켰다. 1840년대에 런던과 영국 내 주요 도시가 전신으로 연결됐다. 이는 런던거래소가 지방거래소에서 주로 거래되던 지방 증권에 대해 가지고 있던 지리적, 시간적 장벽을 극복하고 중심시장으로 도약할 수 있는 계기가 됐다. 1851년에는 프랑스와, 1866년에는 뉴욕과 해저 케이블로 연결됐다. 이로 인해 런던 증권시장에서 미국 증권의 시세는 기존의 16일 전 가격에서 단 20분 전에 뉴욕증권거래소에서 체결된 가격으로 대체됐다. 1872년에는 호주 멜버른과도 전신망이 구축됐다.

미국의 월 스트리트에서는 시세 표시기인 티커테이프 기계가 증권 가격 전송에 사용되고 있었다. 티커테이프는 1867년 에드워드 캘러한이 발명했는데, 회사 약칭을 표시한 알파벳과 증권 가격을 긴 종이테이프에 인쇄했다. 전신선을 이용해 주가 정보를 전송한 최초의 전자통신 기계다. '티커'라는 용어는 종이테이프가 인쇄기를 통과하면서 나는 소리에서 유래했다. 애플의 'AAPL', 시티그룹의 'C', 구글의 'GOOG', AT&T의 'T'와 같이 미국 주식시장에서 주식 코드로 이용되는 5자리(뉴욕증권거래소는 4자리, 나스닥은 5자리) 이내 알파벳 대문자를 티커 심볼이라고 하는데, 원래 티커테이프에 표기하던 회사 약칭에서 유래했다.

우리나라에서는 알파벳보다 숫자에 더 익숙한 한국 투자자를 위해 한국거래소가 동화약품의 '000020', 현대자동차의 '005380', 삼성전자의 '005930'과 같이 6자리 숫자를 부여해 미국의 티커 심볼에 상응하는 주식 코드로 사용하고 있다. 처음 5자리는 회사 고유번호, 마지막 6번째 자리의 숫자 '0'은 보통주식, '0 이외의 숫자'는 종류주식을 뜻한다. 회사 고유번호 '00001'은 옛 조흥은행이 사용했으나, 1997년 아시아 금융위기 때 신한은행에 합병돼 현재는 신한은행이 '00001'을 사용하고 있다. '000010'(신한은행 보통주식)은 신한은행이 신한금융지주의 자회사로 비상장 회사이기 때문에 현재 상장 주식 코드 목록에서는 발견할 수 없다.

런던에서는 1872년에 'Extel'이라는 약칭으로 불린 거래소 전신회사 (The Exchange Telegraph Company, Limited)가 런던거래소 회원 655명의 지원을 받아 런던거래소 수탁관리자들에게 전신 장비를 설치할 별도의 장소를 마련해 달라고 요청했다. 런던거래소는 거래소 전신회사가 하우스에서 증권 시세 정보를 수집해 근처 사무실로 전송하는 것을 허락했다. 콘힐 가에 사업장을 둔 거래소 전신회사는 리포터와 전신기 운전기사를 런던거래소에 배치했다. 이 당시 전신기는 분당 여섯 단어의 정보를 전송할 수 있었다. 처음에 전신회사의 시세 정보는 런던거래소의 회원만이 이용했다. 그러나, 외부의 비회원 증권업자들이 전신회사를 이용해 증권 시세 정보를 받기 시작하면서 논쟁이 발생했다. 런던거래소에 집중되어 체결될 주문이 전신을 통해 전달된 시세 정보를 이용해 외부의 비회원 증권업자 간에도 장외에서 체결될 수 있다는 우려가 커진 것이다. 호가 정보 유출에 관해 불만이 커지자 런던거래소는 조사를 시행해 거래소 전신회사가 외부의 브로커와 딜러 및 공개 증권시장의 신규가입 신청을 제한하고 런던거래소의 호가 정보도 제공하지 못하도록 했다.

1878년에 등장한 전화에 대해서는 런던거래소 수탁관리자들이 이중적 태도를 보였다. 수탁관리자들은 전화로 객장에서 호가하는 가격을 외부의 다른 곳에서도 알 수 있게 된다면 이 가격정보를 이용해 외부의 비회원 간에 장외시장이 개설될 수 있다는 점을 크게 우려했다. 이는 회원 가입 기피로 이어지고, 결국 런던거래소의 수익 저하로 이어지리라 생각했다. 이로 인해 수탁관리자들은 런던과 지방을 연결하는 단거리 전화의 설치에는 매우 부정적이었다. 반면, 유럽 대륙이나 북미 등과의 장거리 전화 연결은 런던거래소에서 해외증권의 거래를 촉진할 수 있어 적극적으로 수용했다. 이 때문에 런던거래소에 단거리 전화는 1880년이 돼서야 설치될 수 있었다. 1883년에는 전화실도 설치했다.

하지만, 회원들은 런던거래소의 단거리 전화 설비가 매우 부족하다고 불만이 컸다. 1888년에 회원자치위원회는 계속해서 수탁관리자들이 전화 설비를 개선하지 않는다면 다른 경로를 통해 증권거래 업무를 수행하겠다고 경고했다. 즉, 런던거래소 건물 내에 전화 설비를 추가로 설치하지 않는다면 회원들이 별도의 증권거래소를 설립해 독립하겠다고 위협한 것이다. 런던거래소 건물소유주들은 1880년 후반 이후 더는 장내 호가 정보의 유출을 막을 수 없고, 더욱이 전화가 증권거래소 운영에 지장을 초래하지 않는다는 점을 인식하게 됐다. 곧 전화 설비의 개선이 이루어졌다. 이후 전화는 증권거래에 있어 없어서는 안 되는 도구가 됐다. 1908년경 무렵이 되면 런던거래소에서는 5초에 1통꼴로 전화 통화가 이루어졌다.

전신, 티커테이프와 전화를 통한 전자통신기술의 혁신은 모든 사람이 런던거래소에 거래가 이루어지는 현재 가격에 가장 가까운 가격으로 증권을 거래할 수 있도록 하는 데 크게 이바지했다. 또한,

런던-유럽 대륙, 런던-뉴욕, 런던-요하네스버그, 런던-호주 간의 해외 증권 업무확장에도 크게 이바지했다.

미국철도

남미채권은 각종 스캔들을 겪었지만, 미국채권은 활황을 이루었다. 특히, 1830년 처음으로 런던거래소의 공식 시세표에 등재되어 호가 정보가 게재되기 시작한 미국 철도증권은 1870년대에 이르러서는 런던 증권시장의 스타가 됐다. 사실 미국 철도증권은 수십 년 동안 등락이 심한 상태에 있었다. 1837년 아메리칸 패닉으로 한때 완전히 사라졌다가 미국의 남북전쟁이 끝난 뒤에는 갈채를 받으면서 화려하게 런던에 복귀했다. 런던거래소에서 미국시장은 가장 거래가 활발한 곳이 됐다.

1860년대 미국 철도주식 시장은 주가 조작과 경영권 쟁탈전이 난무하는 거친 시장이었다. 특히, 이리철도(Erie Railroad)는 1866~68년 3년간 지배권을 두고 뉴욕에서 작전꾼들의 매집, 전환사채 주식전환, 대규모 신주 발행을 통한 물타기 등 극심한 투기의 대상이 됐다. 한 세력이 주식 매집에 들어가면 대항 세력은 우호적인 유럽 투자자의 보유물량을 미국에 들여와 시장에 풀기도 했다. 런던에서 거래되던 이리 철도주식도 여기에 참여했다. 런던의 미국시장 죠버인 톰 니콜스는 미국의 철도재벌 코넬리우스 밴더빌트가 악덕 자본가 제이 굴드와 짐 피스크를 축출하기 위한 이리철도 쟁탈전(Erie War)을 벌일 때 런던에서 수십만 주의 이리철도 주식을 매입했다. 런던 증권시장은 흥분의 도가니에 빠져 이리철도 주식을 거래하고, 톰 니콜스는 주총장에서의 표 대결을 위해 미국으로 주권을 실어 보냈다. 보도에 따르면, 책상과 마룻바닥에 천장까지 쌓아 올린 이리철도 주식으로 인해 니콜스의 조그만 사무실이 거의 절반은 주권 뭉치에 묻혀 있었다고 한다.

'이리철도의 왕'이라고 불린 톰 니콜스는 1828년에 영국에서 태어

이리철도 쟁탈전

출처: https://upload.wikimedia.org/wikipedia/commons/thumb/2/21/Vanderbilt_%26_Fisk.jpg/1200px-Vanderbilt_%26_Fisk.jpg

낳으나, 어린 시절을 시카고에서 보내면서 향후 그의 귀중한 자산이 될 미국의 지형과 철도 노선에 대한 이해를 얻을 수 있었다. 1845년 영국으로 돌아온 뒤 유력한 증권업자 가문과 결혼해 50년 동안 런던거래소에서 일했다. 그는 객장에 들어서면서 '이리철도 주식 매수'라고 우렁차게 외쳤다. 런던거래소에서 그의 목소리는 죠버를 모여들게 하는 신호였다. 미국 철도주식은 그의 매수/매도주문에 따라 가격이 오르내렸다. 톰 니콜스의 명성은 미국의 밴더빌트가 사망하고, 다른 죠버 대부분이 미국 철도주식을 매도했을 때 더욱 높아졌다. 그는 본능적인 직관을 발휘해 계속 미국 철도주식을 매입했고, 이를 통해 상당한 이익을 거두었다.

런던거래소의 변화

1802년에 만들어진 런던거래소 설립 약정서는 이제는 시류에 부합하지 않았다. 주주인 건물소유주들은 자신들의 권한이 부당하게 침해되고 있다고 생각했다. 1876년 런던거래소는 설립 약정서를 개정해 원래의 주식 1주를 신주 10주로 분할하고 발행주식 수를 총 4,000주로 늘렸다. 어떤 주주도 10주 이상을 보유할 수 없도록 하고, 비회원 주주의 잠재적인 시장 운영 개입을 방지하기 위해 새로운 주주는 반드시 거래소의 회원이어야 한다는 내용을 추가해 회원제 조직의 기틀도 강화했다. 낯선 사람이나 비회원이 주식을 상속받으면 1년 안에 이를 매각하도록 했다.

1885년 런던거래소는 건물을 다시 증축했다. 1853년 재건축 이후 이미 여러 차례 건물을 확장했음에도 회원 수 증가로 인해 런던거래소 객장은 여전히 비좁았다. 1880년 이후 수탁관리자들은 쓰로 그모턴 가와 올드브로드 가에 접해 있는 건물들을 조금씩 매입하고, 건축가 J.J. 콜에게 건물 설계를 의뢰해 1885년 1월 9일 신관을 개관했다. 신관은 천장에 약 21미터, 높이 약 30미터의 거대한 돔을 둔 로만 양식으로 건축됐다. 대리석으로 벽면을 마감했는데, 대리석의 결 문양이 고르곤졸라 치즈와 비슷해 신관은 고르곤졸라 홀이라는 애칭도 얻었다. 신관을 '뉴(new) 하우스', 구관을 '올드(old) 하우스'라고 불렀다.

증권거래 후 수반되는 증권의 청산결제는 매우 불편했었다. 런던거래소는 1872년 지하에 별도의 결제실을 마련해 회원들이 서로 모여 예전에는 객장에서 이루어지던 대금지급과 증권인도 업무를 처리하도록 했다. 1873년 런던거래소는 드레이퍼스 가든의 지하에 마련한 벤저민 험프리의 청산소를 승인했다. 험프리의 청산소는 런던거래소와 독립적으로 운영됐지만, 런던거래소로부터 묵시적인 영업권은 인정받았다. 처음에는 50여 명 남짓의 회원이 이용했지만, 점차 그 수가 증가해 1877년에는 약 1,000여 명의 회원들을 대표하는 523개사의 증권회사가 이 청산소를 이용했다. 험프리의 청산소는 대부분 런던거래소의 파산회원이었던 직원들의 인건비에 상응하는 금액을 회원들에게 징수하는 방식으로 수익을 올렸다.

약간은 특이한 이 시스템은 1890년까지는 그럭저럭 잘 운영됐다. 하지만, 청산소를 이용하던 런던거래소의 한 회원이 도산하면서 혼란이 일어났다. 그의 수표가 부도 처리되자 매도자에 대한 대금지급과 관련해 혼란이 발생한 것이다. 기술적으로는 차감의 법적 효력 문제가 발생한 것인데, 증권거래에서 차감은 법적 효력에 따라 상계적 차감(payment netting)과 경개적 차감(obligation netting)으로 구분한다. 이 중 상계적 차감은 증권거래에 따른 대금지급과 증권인도를 편리하게 할 목적으로 채권과 채무를 상계해 그 잔액 또는 잔여 수량만을 주고받는 방식인데, 다자간 차감의 법적 효력이 없어 어느 한 당사자의 결제불이행이 발생한 경우에는 차감했던 모든 거래가 복잡하게 꼬이는 문제가 발생한다. 이 때문에 몇 주간 결제와 관련한 혼란이 계속 이어졌다. 이를 계기로 런던거래소는 청산결제 업무에 자신이 직접 개입하기로 하고, 결제부서를 설치했다. 이전까지만 해도 런던거래소는 자신이 직접 청산결제 업무에 개입하거나 통제하는 것을 원치 않았었다.

황금기

19세기 후반, 스트루벤 형제가 그전까지 농경지로 이용되던 남아프리카의 란드에서 금을 발견해 남아프리카공화국에 요하네스버그라는 도시가 형성되고, 이어 요하네스버그증권거래소도 설립됐다. '카퍼(Kaffir)'는 남아프리카의 반투족 흑인을 낮춰 부르는 말인데, 이를 따와 런던의 남아프리카 광산주식 시장을 카퍼시장이라고 불렀다. 런던에서 증권을 발행한 최초의 남아프리카 광산회사는 1846년 림포포 광산회사였다. 이때 광산회사에 대한 작은 투기가 일었지만, 붐까지 이르지는 못했다. 카퍼 붐은 1894년 말부터 본격적으로 시작됐는데, 이로 인해 문제가 발생했다. 런던거래소는 공식적으로는 남아프리카 증권을 인정하지 않았다. 공모로 발행되지 않았기 때문이다. 이는 대부분의 외국 정부증권과 미국 철도주식에도 똑같이 적용되는 문제였지만, 이 증권들은 공식 시세표에 호가가 게재되고 청산도 런던거래소에서 이루어졌다. 하지만, 카퍼증권에 대해서만은 이를 허용하지 않았기 때문에 카퍼증권 거래는 광산주식 딜러 사무실이 밀집한 인근 거리

의 장외시장에서 이루어졌다. 일부 런던거래소의 회원은 카퍼증권
을 매매하기 위해 정규시장을 떠나 버렸다. 특히, 저명한 2명의 죠버
가 아메리카시장에서 카퍼시장으로 이동했는데, 동료들의 신망이 깊
었던 이리철도의 왕 톰 니콜스와 해리 팩스턴이었다.

카퍼증권은 해외, 특히 프랑스 파리에서 매수주문이 많이 유입됐
다. 런던과 파리 간에는 카퍼시장에 대한 차익거래도 이루어졌기
때문이다. 프랑스 투자자들은 1895년에만 거의 10만 파운드 상당의
광산주식을 런던에서 매입했다. 런던은 죠버를 통해 즉시 거래가

남아프리카 금광 지도

가능하고, 2주일에서 4주일까지 결제를 이연할 수 있었기 때문에 카퍼증권의 거래시장으로 매력적이었다. 또한, 런던의 단기 자금시장은 카퍼증권을 담보로 증권업자에게 많은 자금의 대출도 해줬기 때문에 편리했다. 영국에서 카퍼시장이 붐을 이룬 주된 요인이다. 한편, 런던의 광산 엔지니어들이 남아프리카 광산을 통제하고 있었다는 점도 런던에서 카퍼증권의 붐이 확산한 요인이다. 런던은 국제적인 귀금속 시장의 입지를 확고하게 다지게 됐다. 현재도 런던 귀금속 시장 협회(London Bullion Market Association)에서 결정되는 금 가격이 국제적인 표준시세로 인정되고 있다. 1894년 말 카퍼시장은 성황을 이루었다. 언론은 카퍼증권 붐을 다음과 같이 보도했다.

"클럽과 열차 안에서, 응접실과 안방에서 사람들이 남아프리카의 란드와 모더스에 대해 토론하고 있다. 심지어 상인들과 노부인들까지도 광산 안내서, 런던거래소 규정집, 증권중개의 표리(表裏)를 공부하기 시작했다. 우리는 열병과 같은 투기가 만연하는 시대에 살고 있다."

런던거래소가 시장을 마감한 뒤 많은 증권브로커가 쓰로그모턴가에 따로 모여 장외에서 오랫동안 카퍼증권을 거래했다. 증권회사 직원들이 휴일에도 쉬지 못하고 결제업무를 해야 할 만큼 장외거래로 인한 결제는 혼란스럽고 고단했다. 런던거래소는 거세지는 비난 여론에도 불구하고 카퍼증권을 공식적으로 인정하지 않고 방치했다. 언론은 카퍼증권의 장외거래와 결제를 방치하는 런던거래소를 비난했다.

> "런던거래소 회원자치위원회는 나이가 지긋하고, 전문적인 은어를 사용하며, 이미 큰돈을 번 사람들로 구성돼 있다. 이들은 런던거래소의 이익 외에 어려운 처지에 있는 사람을 도와주는 것에는 아무런 관심도 없다."

결국, 런던거래소는 카퍼증권의 청산결제를 허용했다. 그러나, 카퍼증권 붐은 1895년 8월을 정점으로 해 무너지기 시작했다. 9월 프랑스 파리에서 카퍼증권에 대한 대량 매도가 발생하자 차익거래로 연결된 런던 증권시장도 하락하기 시작했다. 런던과 요하네스버그에 광산회사를 상장한 사업가 바니 바나토가 광산주식 가격 지지를 위해 300만 파운드를 투입하고 있다는 루머가 돌았지만, 내림세를 멈출 수 없었다. 시장에는 우울함이 만연했다. 광산주식 붐은 흐지부지 사라지고 있었다. '광산은 거짓말쟁이가 소유한 땅에 뚫린 구멍에 불과하다'라는 옛 격언을 재확인시키면서 많은 광산회사가 사라졌다.

카퍼증권 붐으로 인해 런던거래소에 많은 신입회원이 새롭게 가입하면서 격조 있던 옛 증권시장의 관행도 변하기 시작했다. 이전까지만 해도 대개 브로커는 각 시장의 단골 죠버와만 증권을 거래했다. 브로커가 증권거래를 위해 런던거래소 객장에 왔는데 단골 죠버가 자리를 비웠을 때는 옆자리의 죠버가 손님 왔다고 그 단골 죠버를 찾으러 다닐 정도였다. 이런 우아한 기품은 사라지고 시장의 매너도 영원히 변해 버렸다. 나이 지긋한 런던거래소 회원들은 이를 몹시 못마땅해했다.

증권시장의 애국심

20세기가 가까워지면서 런던거래소는 일련의 애국적인 행사를 치렀다. 1897년 6월 21일 빅토리아 여왕 즉위 60주년 경축 행사인 다이아몬드 주빌리가 첫 번째 행사였다. 증권시장은 대영제국의 그 어느 곳보다도 열정적으로 여왕의 재위 60년을 축하하며 윈저성으로 축하 메시지를 보냈다. 1899년 5월 24일 빅토리아 여왕의 80번째 생일을 맞아 증권업계의 애국심은 더욱 요란스럽게 발현됐다. 철도시장과 카퍼시장의 슬럼프도 모두 잊고, 한 손에는 악보, 다른 손에는 지팡이를 지휘봉 삼아 회원 찰리 클라크가 지휘하는 웅장한 영국 국가가 울려 퍼졌다. 런던거래소에서 빅토리아 여왕의 생일을 축하하는 애국적 노래와 충성스러운 연설이 이어졌다.

허버트 키치너의 런던 도착도 화젯거리였다. 그는 1898년 아프리카 수단의 옴두르만 전투에서 승리해 명성을 얻었다. 키치너가 지휘하는 영국-이집트 연합군은 마디(이슬람 구세주) 파의 지도자 아브드 알라의 군대와 싸워 이겨 1881년 이후 마디 파가 지배하던 수단 영토를 영국이 획득하는 데 결정적인 역할을 했다. 키치너는 1898년 12월 수단의 수도 하르툼에 설립한 고든대학의 기금 모집을 위해 런던에 왔다. 시장 관저인 맨션하우스를 방문한 뒤 런던거래소에 온 그는 엄청난 환대를 받으면서 필요한 기금을 모금했다. 런던거래소에서는 회원자치위원회가 그를 에스코트했다.

1899년 10월 11일에는 트란스발 전쟁이라고 알려진 보어 전쟁이 발발했다. 영국이 자국령인 케이프 식민지와 나탈을 보어인의 오렌지 자유국 및 트란스발공화국(남아프리카공화국)과 통합하려고 한 욕심이 원인이 됐다. 사실 보어 전쟁은 증권시장과 매우 깊은 관련이 있다. 1886년 트란스발에서 금광이 발견되면서 많은 영국인이 트란스발에 이주했다. 보어인들은 트란스발에 이주해 금광산업에 종사하고 있던 영국인을 외국인이라는 뜻의 '에이틀랜더(Uitlander)'라고 불렀다. 보어 전쟁은 영국 정부가 에이틀랜더를 대신해 전쟁에 나선 것으로 런던의 증권업자들은 보어 전쟁을 통해 영국이 란드의 광산회사에 대한 통제권을 획득할 수 있다고 믿었다. 이 때문에 약 1,000여 명의 증권업자들은 정부의 보어 전쟁 수행에 대해 열렬한 지지를 보냈다. 증권업자들은 보어 전쟁이 발발하자 런던거래소에서 영국 국가를 부른 뒤 트란스발공화국의 크루거 대통령의 모형 인형의 목을 매단 뒤 불태우고 길드 홀까지 거리를 행진했다. 런던

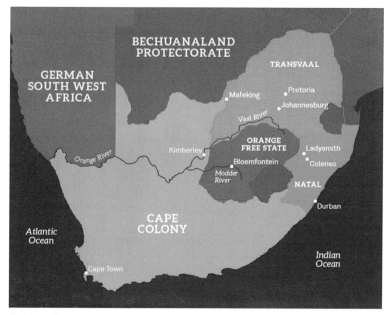

1899년 남아프리카 지도

출처: *https://www.nam.ac.uk/sites/default/files/2019-11/nam_maps_m29-01.jpg*

거래소의 회원들은 정부에 보어 전쟁 수행에 필요한 자금을 아낌없이 기부했다. 미래를 위한 투자랄까?

런던거래소 설립 100주년

1900년 7월 런던거래소는 설립 100주년 기념식을 준비하기 위해 소위원회를 구성했다. 케이플 코트에 건물의 주춧돌을 놓은 날을 기념해 1901년 5월 12일에 런던거래소 건물 또는 시티 내 다른 건물에서 만찬을 개최하기로 했다. 왕실의 웨일스 왕자에게도 초대장을 보냈지만, 1901년 1월 22일 빅토리아 여왕의 서거로 인해 행사를 취소했다. 결국, 런던거래소는 해당 토요일에 휴장하는 것으로 간소하게 100주년을 기념했다. 증권시장은 소강상태였지만, 1900년 12월의 런던 & 글로브 파이낸스의 도산으로 인한 후속 여파를 걱정해야 하는 상황이었다. 악명 높은 금융업자 휘태커 라이트가 주식을 공모한 런던 & 글로브 파이낸스가 몰락하면서 런던거래소에서는 브로커 13개사와 회원 29명이 파산했다. 회원 중에는 과거 50년간 런던거래소의 회원으로 활동한 사람도 있었다.

런던에서 19세기 중후반까지만 해도 증권업자는 세련미는 조금 떨어지지만 부정할 수 없는 묘한 매력이 있는 사람들 정도로 인식되었지만, 사회적 지위는 그리 높지 않았다. 하지만, 19세기 말이 되면서 사회적 분위기도 바뀌고 증권업자의 지위도 상대적으로 상승하기 시작했다. 증권업자가 촉망받는 직업으로 인식되면서 귀족 등 상류사회의 증권시장 참여도 늘기 시작했다. 1875년에는 빅토리아 여왕의 여섯 번째 자녀인 루이스 공주의 시아주버니 월터 캠벨이 런던거래소의 회원이 됐다. 1900년에는 상원의원 출신 3명, 상류 귀족의 자제 30명, 하원의원 출신 10명이 회원으로 활동했다. 이튼스쿨 출신의 증권업자도 생겨났다. 런던거래소에는 영국 거주 7년, 귀화 2년의 요건을 적용한 외국 출신 회원도 많이 있었다. 특히 독일과 스위스 출신이 많았는데, 캐나다, 남아프리카 및 호주 출신 회원도 존재했다. 영국의 증권회사들은 해외 사업을 위해 적극적으로 외국인 직원도 고용했다. 1876년에는 전체 회원의 약 3% 수준인 약 60~70여 명의 외국인이 런던거래소 회원으로 활동했다. 런던거래소 회원 중에는 스포츠와 게임에 능한 사람도 많았다. 크리켓, 사격, 경주, 사냥 등 스포츠 활동은 사회적 연줄을 만들어 수익성 있는 사업에 투자자들을 끌어들이는 데 큰 도움이 됐기 때문이다. 20세기 초반에는 60여 가지 스포츠 분야에 능숙한 회원들이 '하우스의 스포츠'라는 두 권짜리 책자도 발간했는데, 여기에는 사회적 연줄 구축과는 아무런 상관없는 사하라 사막에서의 양 사냥 등과 같이 전문적인 내용도 포함돼 있다.

20세기 초 런던거래소는 여러 내부 문제도 정리했다. 우선 회원의 연회비를 30기니에서 40기니로 인상하고, 1900년 3월 25일에는 객장직원도 4년간의 수습 기간이 끝나면 같은 금액을 내도록 했다. 또한, 연회비와 별도로 회원의 객장 입장료도 250기니로 인상했다. 객장직원으로 일한 경험이 없는 회원은 500기니를 냈다. 1901년부터는 건물소유주와 이용자인 회원에 의한 이중통제 시스템도 다시 정비했다. 1876년 설립 약정서를 폐지하고, 모든 회원이 런던거래소의 주주가 되는 완전한 회원제 조직으로의 전환을 추진했다. 1904년에는 회원 지명 시스템도 도입했다. 신규가입 회원은 은퇴회원이나 사망회원의 유산에서 회원 지명권을 구매하도록 의무화했다. 신규가입 회원이 고정된 가격 없이 시황에 따라 가격이 변하는 회원 지명권을 구매하는 제도는 이후 런던거래소에서 60년이나 지속했다. 객장직원으로 4년 이상 근무한 자는 회원 지명권을 구매하지 않고도 회원이 될 수 있었지만, 대기자 명단에 이름을 올리고 오랫동안 기다려야 했다. 객장직원 출신 회원은 주당 175파운드가량의 런던거래소 주식 1주를 구매하도록 하고, 일반회원들은 주식 3주를 구매하도록 차별화했다. 객장직원 출신 회원의 가입비는 약 450파운드였다. 당시 뉴욕증권거래소의 회원 가입비는 16,000파운드, 파리거래소의 가입비는 92,000파운드 수준이었다. 뉴욕과 파리와 비교해 런던거래소의 회원 가입비는 상대적으로 매우 저렴했다.

　브로커의 위탁수수료와 관련한 변화도 있었다. 글라스고증권거래소는 이미 최저 위탁수수료율을 도입하고 있었고, 지방거래소가 주축이 된 전국 증권거래소 협의회(Council of Associated Stock Exchanges)도 최저 위탁수수료율의 도입을 고려하고 있었다. 런던거래소는 즉각적인 조처를 하지는 않았지만, 이제는 최저 위탁수수료율을 정하는 것이 필요한 시점이라고 생각하고, 전체 회원총회에 안건을 올렸지만 부결됐다. 수정 안건을 재표결에 부쳐 근소한 차이로 간신히 과반을 넘겨 1912년 3월 최저 위탁수수료율을 채택했다. 영국 국채에 대해 브로커의 최저 위탁수수료는 2실링 6펜스 퍼센트(0.125%)로 정해졌다. 꽤 오랫동안 표준이 돼온 수준이었다. 5~15실링의 주식에는 1/2펜스, 20~25파운드의 주식에는 2실링 6펜스의 차등 수수료가 적용됐다. 이보다 고가의 주식의 경우에 수수료율은 0.5%였다.

1909년 런던거래소는 증권업자를 죠버와 브로커로 완전히 구분하기로 하고, 1911년 한 회원이 죠버와 브로커의 역할을 동시에 수행하는 이중자격 제도를 완전히 폐지했다. 즉, 브로커는 비회원의 주문을 위탁받아 처리하고, 죠버는 브로커와의 거래만을 허용하고 런던거래소 비회원과는 거래를 불허했다. 다만 월 스트리트나 파리의 브로커와 같이 외국의 브로커를 대상으로 하는 죠버의 차익거래는 예외적으로 허용했다. 이에 따라 브로커가 되길 원하는 죠버나, 반대로 죠버가 되기를 원하는 브로커는 런던거래소 회원자치위원회의 승인을 받아야 했다. 하지만, 훗날 런던거래소는 회원제도를 다시 브로커가 딜러를 겸영할 수 있는 이중자격 제도로 복원한다. 이에 따라 런던거래소의 회원제도는 1912년부터 1986년 10월까지는 단일자격 제도, 1986년 10월 27일 빅뱅 이후에는 다시 이중자격 제도로 운영된다.

대형 증권회사는 최저 위탁수수료율 도입과 단일자격 제도 도입을 모두 반대했다. 본질에서 경쟁 제한적인 거래 관행이었기 때문이다. 하지만, 보어 전쟁이 끝난 뒤에 시황이 부진하고, 카퍼증권 붐으로 인해 런던거래소에 새롭게 진입한 신입회원이 너무 많았기 때문에 증권시장에서 소규모 회원이 수익을 내기는 매우 어려웠다. 소규모 회원들은 최저 위탁수수료율 제도와 단일자격 제도 도입을 통해 기득권을 지키려 했다. 또한, 런던거래소는 런던 죠버와 지방 브로커 간의 직접 거래도 제한하고 모든 거래가 런던의 브로커를 통해 런던의 죠버와 이루어지도록 했다. 런던의 브로커에게 위탁수수료도 지급하게 했다. 이는 전신, 전화 등 전자통신기술의 발전에 따라 폐쇄적인 시장에서 점점 외부와의 접점을 확대하는 시류와는 역행하는 것이었다. 회원의 기득권 보호를 위한 런던거래소의 이러한 조치로 인해 런던 증권시장의 규제 완화는 1986년 빅뱅 뒤로 미루어질 수밖에 없었다.

런던거래소가 설립 100주년을 맞이한 1900년대 초반 런던 증권시장에서는 상업회사, 금융회사, 토지회사, 투자회사 등 3,000여 개사, 광산회사 1,000여 개사 이상 상장기업의 증권거래가 이루어졌다. 이 당시 런던의 거래대금은 뉴욕의 10배가 넘었다. 자동차 산업에서 고무 수요가 증가했던 1910년 무렵 런던거래소의 객장은 럭비 스크럼에 비견할만했다고 한다. 시장 안으로 들어가기 위해 악전고투하고, 들어가고 난 뒤에는 다시 빠져나오는 데 한참 시간이 걸렸다고 한다. 어떤 한 회원이 아침 일찍 기절했는데 잔뜩 몰려든 사람들 사이에 끼여 쓰러지지 않고 서 있는 상태로 있다가 장 종료 무렵에나 그가 기절했다는 것을 발견했다는 것은 유명한 일화다. 이때가 그야말로 그 누구도 따라올 수 없는 런던 증권시장의 확장과 번영의 황금기였다.

한편, 이 시기 런던 증권시장의 투자 행태가 미래 영국의 장기침체를 만드는 데 악영향을 미쳤다는 주장도 있다. 장기적 관점에서 국내산업에 대한 투자보다 수익과 리스크에 기반한 단기적 관점에 치중해 안정성이 높고 상대적으로 금리가 낮은 해외의 미국철도, 일본채권 등으로 국내 산업발전에 필요한 자금을 유출했다는 비판이다. 개인적으로는 당시 세계를 호령하던 영국의 국력을 고려하면 결과론적 주장에 가까워 보인다.

제1차 세계대전

1914년 6월 28일 사라예보에서 오스트리아-헝가리 제국의 왕위 후계자인 프란츠 페르디난트 대공의 암살 소식이 런던에 전해진 뒤 죠버 휴버트 메러디스는 런던거래소 회원자치위원회의 르블랑 스미스와 나눈 대화를 다음과 같이 기록했다.

> "유럽에서 전쟁이 일어나면 런던거래소 폐쇄계획이 있습니까? 그는 내 질문을 비웃으며 말했다. 런던거래소의 업무가 중단된 것을 보게 된다면 이 세상의 종말이 왔다고 확신해도 무방합니다."

하지만, 1914년 7월 23일 오스트리아-헝가리가 세르비아에 최후통첩을 전달하자 상황은 급변했다. 7월 27일과 29일 사이에 파리, 브뤼셀, 토론토, 마드리드, 비엔나, 암스테르담의 거래소가 폐쇄되고, 독일과 이탈리아의 거래소는 기한부거래를 중단했다. 7월 30일에는 상트페테르부르크와 몬트리올의 거래소가 문을 닫았다. 런던거래소는 7월 30일 늦은 저녁 회의를 열어 시장을 폐쇄하고, 8월 중순의 결제도 8월 27일로 연기하기로 했다. 독일은 전쟁을 선포했다. 르블랑 스미스의 예측과 달리 세상의 종말이 온 것은 아니었지만, 런던거래소는 폐쇄됐다.

제1차 세계대전의 발발은 세계에서 가장 크고 중요한 증권시장인 런던거래소에 큰 위기였다. 7월 말 유럽의 증권거래소들이 폐쇄되고, 외환시장은 격변했다. 이로 인해 외국인을 고객으로 하던 브로커는 거래대금을 받을 수 없었다. 7월 29일 7개 회사가 채무불이행으로 런던거래소에서 제명됐다. 8월 4일 영국이 독일과 전쟁에 들어가자 증권 가격도 급락했다. 자본금을 은행에 증거금으로 제공하고 받은 단기 차입금으로 증권을 보유하고 있던 많은 증권회사가 위험에 처했지만, 런던거래소의 시장 폐쇄와 결제 연기를 통해 회원들이 한숨 돌릴 수 있는 여지를 마련했다. 정부는 8월의 은행 휴무일을 이틀 연장하고, 「지급 연기법(Postponement of Payments Act)」을 급하게 통과시켰다. 이로 인해 런던거래소 거래를 포함한 거의 모든 상업적 거래의 결제가 한 달 뒤로 연기됐다. 이후에 추가로 두 달 뒤로 연기됐다. 이 기간 일부 외국의 증권거래소가 다시 문을 열고 외환시장이 안정을 되찾았다. 지급 연기법으로 회원의 결제는 연기됐지만, 증권회사가 자본금을 증거금으로 제공하고 은행에서 차입한 자금으로 증권을 보유한 것까지 구제할 수는 없었다. 런던거래소가 회원의 포지션을 조사한 결과 8,100만 파운드의 금융기관 차

런던과 파리의 전쟁 선포

London and Paris On the Day That War Was Declared

ON THE NIGHT OF AUG. 4, 1914, WHEN GREAT BRITAIN DECLARED WAR AGAINST GERMANY, IMMENSE CROWDS SURGED ABOUT BUCKINGHAM PALACE IN LONDON AND CHEERED THE ROYAL FAMILY ON THE BALCONY.
(© Underwood & Underwood.)

THE YOUNGEST CLASS OF FRENCH LADS, ONLY 17 YEARS OF AGE, CALLED TO THE COLORS AND GATHERED AT THE MONTPARNASSE STATION IN PARIS AT THE OUTBREAK OF WAR.
(© Press Illustrating Company.)

출처: https://upload.wikimedia.org/wikipedia/commons/thumb/b/b4/The_War_of_the_Nations_
WW1_337.jpg/640px-The_War_of_the_Nations_WW1_337.jpg

입금이 있다는 것이 밝혀졌다. 절반은 주식회사제 은행에서, 나머지 절반은 런던에 사무실이 있는 해외은행들에서 차입했다는 것도 알아냈다. 지방거래소 조사 결과 추가로 1,100만 파운드의 차입금이 존재한다는 것도 밝혀졌다. 다행히 해외은행들이 영국에서 차입금을 회수하지 않아 증권시장의 즉각적인 붕괴를 막을 수 있었다. 정부는 증권시장 붕괴를 매우 우려했다. 주식회사제 은행들은 영란은행의 보증을 통해 증권회사의 차입금에 대해 상환을 압박하지 않겠다고 발표했다.

런던거래소는 계속 폐쇄된 채로 있었지만, 장외에서는 1911년부터 이용돼 온 챌린지 시스템(challenge system)을 통해 증권거래가 이루어졌다. 챌린지 시스템이란 런던거래소에 거래가 잘 안 되는 비유동성 증권을 거래하기 원하는 브로커가 전신회사의 시세 테이프에 해당 증권의 거래와 관련한 사항을 전화번호와 함께 표시해 광고하는 방식이다. 전신회사는 거래소 폐쇄 기간 중 시세 테이프에 브로커의 증권거래 신청을 무료로 게시해 줬다. 주식 경매도 열었다. 사망한 고객 재산의 처분을 원하는 변호사가 주로 이용했다. 『데일리메일』은 독자들이 원하는 증권의 매수가격이나 매도가격을 게재했다. 하지만, 대부분의 장외거래는 증권 가격을 하락시킨다는 면에서 증권업자들의 불만의 대상이 됐다. 콘솔시장과 식민지 주식시장의 죠버들은 비공식적인 합의를 맺어 8월 30일의 증권 가격 이하로는 거래하지 않기로 결의했지만, 여러 비공식 거래 시스템으로 인해 최저가격을 유지하기 위한 노력이 무용지물이 되고 있다고 불만을 터뜨렸다. 런던거래소는 9월 중순 모든 신탁주식에 대한 최저 권장 가격표를 발행했다. 신탁주식은 다음 날 바로 결제되는 현금거래만 가능하고, 옵션거래는 허용하지 않았다.

국채 발행과 전비 조달

영국 정부는 제1차 세계대전 중 유례없는 대규모 국채를 연이어 발행해 전비를 조달했다. 재무장관 앤드류 보나 로는 국민들이 은행에서 돈을 빌려서라도 전시채권에 투자해 달라고 당부했다. 1914년 11월, 액면 3억 5,000만 파운드, 표면이자 3.5%, 상환 1925/28년의 첫 번째 전시채권을 95포인트의 가격에 발행했다. 영란은행은 전시채권을 담보로 전시채권 청약자에게 재할인율보다 1% 낮은 금리로 자금을 대출해 줬다. 1915년 6월에는 표면이자 4.5%, 상환 1925/45

전시채권 포스터

출처: https://upload.wikimedia.org/wikipedia/commons/0/06/Put_it_into_National_War_Bonds.jpg

년의 두 번째 전시채권을 액면가에 발행했다. 원활한 소화를 위해 이번에는 25파운드짜리로 국채의 권면을 잘게 쪼개고, 우체국을 통해서 5실링짜리 소액 국채 바우처도 판매했다. 1914년 총 국채 규모에 몇백만 파운드 모자라는 대규모의 금액을 모집하면서 두 번째 전시채권 발행은 대성공을 거두었다. 1917년에는 표면이자 5%, 상환 1929/47년인 세 번째 전시채권을 95포인트의 가격에 발행했다. 이를 통해 20억 파운드가 넘는 대규모 자금을 조달하는 데 성공했다. 언론은 모든 문제를 해결할 수 있는 마법의 은빛 탄환을 런던 시티가 공급해야 한다고 촉구했다. 전시채권의 청약 수표는 독일의 참호에 떨어지는 포탄과 같다고도 보도했다.

증권시장 재개장

1914년 연말 전황이 개선되고 증권 가격이 반등하면서 런던거래소는 재개장을 준비했다. 일부 지방거래소는 이미 비공식 세션을 통해 거래를 허용하고 있었다. 런던거래소 재개장을 위해서는 몇 가지 고려할 사항이 있었다. 전황이 악화하면 증권 가격이 급락할 수도 있었다. 이에 대한 주의를 환기할 필요가 있었다. 적국이 증권시장을 통해 자금을 유출하지 못하도록 막을 필요도 있었다. 중립국이 런던에서 유가증권을 매각하고 금으로 바꿔 유출하는 것도 막아야 했다. 무엇보다 전시채권의 발행을 통한 정부의 전비 조달이 중요하므로 다른 산업 섹터와 자금 조달 경쟁이 일어나지 않도록 했다. 런던거래소는 재무부 장관에게 재개장 계획을 통보한 뒤 재무부, 영란은행, 청산은행 등과 협의해 일련의 임시규정을 제정하고, 1915년 1월 4일 재개장했다.

5개월의 휴장 뒤 런던거래소가 거래를 재개하면서 증권업자에게 부과한 제한요건은 이전에 경험했던 그 어떤 것보다 훨씬 더 부담스러웠다. 담보증권 가격의 현상 유지를 통해 은행의 증권회사 대출에 대한 마진 콜이 발생하지 않도록 모든 증권에 대해 최저가격제도를 도입하고, 모든 거래는 현금거래만 허용하며, 옵션거래는 불허했다. 또한, 외국으로의 자금 유출을 막기 위해 1914년 9월 30일 이후 영국의 거주자가 물리적으로 소유하고 있는 증권만 거래할 수 있도록 했다. 브로커는 고객이 직접적으로든 간접적으로든 적국의 외국인을 대신해 거래하는 것이 아니라는 서면 신고서를 징수했다. 거래는 오전 11시부터 오후 3시(토요일에는 오후 1시)까지만 거래가 허용됐다. 런던거래소는 재개장 몇 달 만에 챌린지 시스템 등 대체 거래 시스템에 빼앗겼던 증권거래를 되찾을 수 있었다. 처음에 런던거래소는 최저가격제도 등 전시 제한조치들이 전황 악화에 따라 발생할 수 있는 증권 가격의 급락에서 회원과 투자자 보호를 위해 필요하다고 생각했다. 하지만, 최저가격제도는 런던에서 큰 호응을 얻지 못했다. 런던거래소는 점진적으로 최저가격 규제를 완화해 1916년 7월 모든 증권의 거래가격을 완전히 자유화했다.

제1차 세계대전이 발발하자 대부분의 은행과 양조회사는 런던거래소에 상장된 주식회사 형태로 조직구조를 전환했다. 석탄, 철강, 제철 및 중공업 등 대형 산업체도 주식회사 형태가 주류를 이루게 됐다. 전쟁이 계속되면서 정부의 자본 통제는 점점 더 심해졌다. 1915년 1월 말 재무부는 신규증권의 발행을 통제하기 위해 위원회를 설치했다. 해외증권의 신규 발행은 허용하지 않고, 대영제국을 위해 긴급한 필요와 특수한 상황에서만 제한적으로 허용했다. 국내 증권의 발행은 국익에 부합한다고 위원회가 인정하는 경우에만 가능했다. 증권시장을 통한 정부 자체의 전비 조달 수요가 증가하면서 신규증권의 발행승인을 얻는 것은 점점 어려워졌다. 1916년 초반부터 신규증권은 거의 전혀 시장에 나오지 않았다.

미국시장도 거의 사라졌다. 영국 정부는 전쟁 물자 구매대금을 미국에 지급하기 위해 달러를 확보할 수 있는 모든 자원을 이용해야만 했다. 1917년 1월 정부가 증권에 대한 징발 권한을 확보하고, 달러 증권을 징발하면서 런던의 달러 증권 보유량은 현저히 감소했다. 철도 지선의 징발로 국내 철도시장도 큰 영향을 받았다. 철로의 철강은 녹여 무기로 만들어졌다. 이 당시 런던거래소에서 약 10억 파운드에 달하는 증권이 해외로 매각돼 사라졌다고 한다. 이는 영국의 해외증권 보유량의 약 25%에 해당하는 큰 규모였다. 하지만, 런던 증권시장의 손실은 겉으로 보이는 숫자보다도 훨씬 컸다. 전시에 해외로 매각된 증권 대부분이 그간 런던거래소에서 활발하게 거래된 우량주식이었기 때문이다.

외국 출신 회원

제1차 세계대전으로 인해 해외 사업을 영위하던 회원들은 큰 타격을 받았다. 일부 회원은 상품거래를 시작하거나 개인 은행가로 전업해 증권업무를 그만뒀다. 적국이 된 독일이나 오스트리아 출신의 회원들이 가장 큰 피해를 봤다. 특히 구리시장과 미국시장을 주도했던 독일계 유태인들은 전쟁 전에도 영어 억양 때문에 이미 상당한 수준의 조롱을 받아 왔는데, 제1차 세계대전이 발발하면서 상황은 더욱 어려워졌다.

반독일, 반유태주의적 사고는 매우 노골적이었다. 예전부터 위탁 수수료 할인은 외국 출신 브로커가 비난을 받아 온 주제였는데, 신랄하게 험담을 일삼았다. 많은 회원이 이미 영국으로 귀화한 영국 국적이었지만, 전쟁으로 인해 이들의 존재는 런던거래소에서 큰 분노를 일으켰다. 특히, 1915년 5월 여객선 루시타니아호가 독일 어뢰에 맞아 침몰한 뒤에는 상황이 심각했다. 객장에 나타난 독일과 오스트리아 출신 회원들이 런던거래소에서 쫓겨난 것이다. 100여 명이 넘는 독일계 회원들이 영국에 대한 공개 충성 선언을 했지만, 극우적인 회원들은 귀화한 독일인과 오스트리아인을 회원으로 재가입시키지 말 것을 촉구했다. 이 단계에서 런던거래소는 직접적인 행동을 취하지는 않았다. 하지만, 거친 행동에 대한 독일계 회원들의 불만에 동정적이지도 않았다. 다만, 독일과 오스트리아 출신 회원들에게 "지금은 하우스에서 떨어져 있으시오"라는 안내문을 게시했다.

마침내, 1917년 3월 런던거래소에 반독일연맹이 조직되고, 이들은 142명의 적국 출신 회원 중에서 약 50명의 회원에 대한 재가입을 불허하라고 회원자치위원회에 압력을 넣었다. 독일계 회원들은 이 조치를 정의와 자유에 대한 노골적인 위반이라고 항의했지만, 소용없었다. 1918년 3월, 런던거래소는 영국 거주 10년, 귀화 5년 이상 경과로 외국 출신에 대한 회원 가입 요건을 강화했다. 적국인 독일, 오스트리아, 터키, 불가리아 국민은 특별한 상황에서 회원자치위원회의 허가를 받은 경우를 제외하고는 회원 가입을 금지했다. 독일 출신으로 회원 재가입이 불허된 회원이 런던거래소를 상대로 소송을 제기했지만, 법원은 런던거래소가 회원의 가입과 재가입과 관련해 절대적인 권한을 갖고 있다고 판결했다. 이후 비영국인에 대한 회원 가입 금지는 1971년까지 계속됐다.

전간기

1918년 11월 제1차 세계대전이 끝났지만, 런던 증권시장은 매우 어려운 상황에 부닥쳤다. 4년의 전쟁 기간에 증권시장의 많은 것이 변했다. 활발했던 해외 투자는 중지됐다. 수익성이 높았던 미국시장도 달러 증권 징발로 거의 사라져 버렸다. 어카운트거래, 옵션거래 및 차익거래가 전시 중 제한되면서 런던의 단기 자금시장과 자본시장을 연결하던 런던거래소의 역할도 많이 축소됐다. 국제적으로는 뉴욕과의 경쟁도 악화했다. 영국 내 신규증권 발행 통제가 계속되면서 해외의 발행자들은 런던 대신 뉴욕으로 발길을 돌렸기 때문에 전후 글로벌 금융시장의 무게 중심은 런던에서 뉴욕으로 이전됐다. 영국 국내의 은행과 비회원 금융기관들은 런던거래소의 증권업자가 개입하지 않더라도 증권매매를 실행할 수 있는 역량도 쌓고 있었다.

전시에 시행한 런던거래소 운영에 관한 각종 제한은 계속 유지됐지만, 1919년 3월에 국내 자본 조달에 대한 통제가 해제되고, 9월에는 차익거래도 허용했다. 하지만, 실무적으로 뉴욕과의 차익거래는 1920년 말부터나 시작됐다. 어카운트거래 역시 중단상태였다. 1921년 중반에 전쟁 전 회원이 지고 있던 대부분의 부채 청산이 이루어지자 정부는 어카운트거래 재개에 동의했다.

하지만 일부 소규모 회원은 어카운트거래 및 콘탱고거래 재개에 반대했다. 이들은 제1차 세계대전 중의 어카운트거래 금지로 인해 런던거래소가 도박장과 다름없다던 전쟁 전의 오명을 씻어 낼 수 있었다고 주장하면서 현재의 위치를 지키기 위해서는 콘탱고거래를 중지하고 현금거래를 계속 유지해야 한다고 주장했다. 하지만, 런던거래소는 많은 증권회사가 콘탱고거래 없이는 생존할 수 없다는 것을 확인하고는 1921년 9월 콘탱고거래를 재개했다.

어카운트거래는 예전에 우리나라에서도 청산거래라는 이름으로 시행했던 제도다. 증권거래소가 정한 어카운트 기간(보통 2주)까지 거래하고, 기간 종료일인 청산기일에 일괄결제하는 제도다. 어카운트 기간의 거래금액을 합산해 결제하므로 결제자금을 줄여 거래를 활성화할 수는 있지만, 미결제 잔액이 축적되면 결제위험이 확대돼 결제 안정성을 저해하는 단점이 있다. 또한, 청산거래는 어카운트 기간 중 증거금(보통 10%)만으로 거래할 수 있어 레버리지비율이 높고, 청산기일 이전에 반대매매 방식으로 포지션을 정리할 수도 있어 투기성이 매우 강하다고 할 수 있다. 1962년 증권파동을 겪고 난 뒤 증권거래법 개정 등 제도 정비를 통해 1969년 2월 1일 보통거래를 실시하면서 완전히 폐지하기 이전까지 초창기 우리나라 증권시장의 주축을 이루었던 거래 형태다.

런던 증권시장은 1922년 가을 마침내 전시 통제가 완전히 해제됐다. 전시에 런던거래소가 수행한 업무에 대한 감사의 뜻으로 런던거래소의 수탁관리자들에게 공로패를 수여했다. 런던거래소는 건물 서쪽 벽면에 제1차 세계대전 중 사망한 127명의 회원과 255명의 객장직원을 추모하기 위해 전쟁 기념비를 마련했다. 현재 전쟁 기념비는 2004년 런던거래소가 본사를 쓰로그모턴 가에서 패터노스터 스퀘어로 옮기면서 공간 문제로 외부에 설치했다.

런던거래소와 지방 증권업자와의 관계에도 문제가 생겼다. 1916년 일부 지방 브로커들은 런던거래소의 독단적이고 고압적인 태도를 참을 수 없다고 주장하면서 '영국 주주 신탁회사'라는 경쟁 거래소를 설립했다. 영국의 증권업자가 신규증권의 건전성을 조사하고, 공정한 가격으로 건전한 종목을 취득할 수 있는 원천을 제공하며, 영국 산업발전을 위해 자금을 이용할 것이라는 명분을 걸었다. 그러나 이 경쟁 거래소는 그리 오래가지 못했다. 1918년 1월 런던거래소가 경쟁 거래소의 회원과는 수수료를 배분할 수 없도록 경쟁 제한조치를 내리면서 많은 회원이 신탁회사에서 탈퇴했다.

런던거래소의 회원 규모와 구성도 전후 크게 변했다. 전체 회원은 1914년 4,855명에서 1918년에는 3,994명으로 감소했다. 회원 구성에서는 죠버의 수가 브로커보다 약간 많았다. 회원 사이에서는 회원 수를 4,000명 또는 그 이하로 유지하자는 데 공감대가 형성됐다. 회원 감소로 연회비 수익은 감소했지만, 관리유지 비용이 증가한 건물 소유주와 이들을 대리하는 수탁관리자들은 회원 수를 늘리기 원했다. 이에 대항해 회원들은 주식을 매입해 자신들이 직접 런던거래소를 운영하려 했지만, 시도는 성과 없이 끝이 났다. 결국, 1920년대 초반 모든 이해관계자가 회원 수 4,000명을 비공식적인 상한선으로 수용하고 회원의 연회비를 인상했다.

브로커의 위탁수수료 문제도 1922년 말 수면 위로 부상했다. 대형사 9개사가 주요 주식에 대해서는 수수료를 낮추자고 런던거래소에 제안했다. 카제노브 & 애크로이드, 코헨 레이밍 호어, 그리브슨 그랜트, 헤슬틴 파월, 멀린스, R. 니비슨, 로위 & 피트먼, J.&A. 스크림고어 및 J. 세백 등 당시 영향력이 있는 증권회사들이 참여했지만, 최저 위탁수수료율 제도는 변경 없이 유지됐다. 시황이 개선되고, 소규모 회원들의 반대에 부딪혀 이듬해 흐지부지됐기 때문이다.

증권회사의 광고도 논쟁거리였다. 제1차 세계대전을 거치면서 영국에는 수백만 명의 전시채권 투자자가 새롭게 생겨났다. 1914년 증권투자자 수는 약 100만 명에 불과했지만, 전쟁을 거치면서 1918년에는 약 1,300만 명으로 증가했다. 하지만, 이들은 증권시장의 운영 방식에 대해서는 제대로 알지 못했다. 브로커에게 이들은 매력적인 잠재 고객이었다. 뉴욕증권거래소는 이미 회원의 광고를 허용하고 있었다. 하지만, 런던거래소는 완고하게 개별 회원의 광고를 불허했다. 이로 인해 런던거래소 회원은 인적 네트워크 외에는 고객을 유치할 별다른 수단이 없었던 반면에, 버킷숍 등 비회원 증권업자들은 광고를 통해 적극적으로 고객 유치 영업을 했다. 대신 런던거래소는 1922년 이래 언론에 광고비를 지급하고, 개인적인 소개를 받지 않고도 거래할 수 있는 브로커 목록을 제공했다. 당연히 이 목록에는 런던거래소 회원의 이름만이 명시돼 있었기 때문에 지방 브로커들의 반발을 초래했다. 결국, 광고는 런던의 신문에만 실렸다.

런던거래소 문장

출처: *https://upload.wikimedia.org/wikipedia/commons/thumb/7/71/
Coat_of_arms_of_the_London_Stock_Exchange.svg/1024px-
Coat_of_arms_of_the_London_Stock_Exchange.svg.png*

1923년 런던거래소는 '내 말이 곧 계약이다(Dictum Meum Pactum)'(영어로 My word is my bond)라는 그 유명한 고유 문장(紋章)을 마련했다. 서면 계약이 없더라도 증권거래의 완결성을 보장한다는 런던거래소의 자부심 그 이상의 의미가 담겨 있는 것 같다.

종전 후 런던 증권시장은 전시채권 발행으로 인해 규모가 증가한 영국 국채가 주도했다. 사실 국채는 1800년대 초반 이후 영국이 세계를 지배하고 국력이 신장하면서 계속 감소세를 보였다. 이에 따라 제1차 세계대전이 발발한 1914년 이전에는 상장증권 총액 대비 국채 비중은 9%에도 미치지 못했지만, 제1차 세계대전 중 전비 조달을 위한 전시채권 발행으로 1920~30년대에는 약 30%를 넘게 차지하게 됐다. 반면, 해외증권은 그 규모와 중요성이 많이 감소했다. 영국이 전비 조달을 위해 많은 해외증권을 매각하고, 새로운 강대국이 된 미국의 거래소가 해외증권 분야에서 강력한 경쟁자로 부상했기 때문이다.

1919~20년 사이에는 탄광업체, 섬유업체, 자동차회사와 부품업체 등 약 4억 파운드 상당의 신규증권이 증권시장에 나오면서 증권시장에는 다시 활력이 돌기 시작했다. 1927~29년에는 자동차, 라디오, 축음기, 세탁기, 냉장고 등 가전제품의 인기가 높아지고, 증권시장에서는 전쟁으로 인한 공백을 메우기 위해 기업의 합병, 증권 발행을 통한 자본 조달, 재자본화가 늘어나면서 산업주식 붐이 일어났

다. 하지만, 급격한 증권 가격 상승을 동반하지는 않았다. 전쟁으로 타격을 입은 해외증권 업무는 회복이 느렸다.

데카 레코드(Decca Record Company)는 이 시기 주식을 공모해 자본을 조달한 대표적인 회사 중 하나다. 데카 레코드는 1914년 악기 제조사로 출발해 증권업자 에드워드 루이스가 회사를 인수한 1929년에 본격적으로 성장했다. 모험에 가까운 과감한 투자와 혁신적인 경영, 그리고 대담한 기획과 녹음으로 당시 런던에 있던 그라모폰이나 콜롬비아에 필적하는 경쟁자로 성장했다. 여담이지만 1962년 1월 1일 스타 대열에 오르기 전 비틀스가 데카 레코드와 음반 계약을 맺기 위해 오디션을 보았다고 한다. 데카 레코드는 "4인조 밴드는 시장에서 사라지고 있다"라며 계약을 거절했다고 한다.

해트리 스캔들

1920년 후반의 주식 붐은 불행히도 심각한 금융사기도 동반했다. 1929년에 발생한 클라렌스 찰스 해트리의 도산은 런던 시티에 엄청난 반향을 일으켰다. 1888년에 햄프스테드에서 태어난 해트리는 18세 때 부친의 사망으로 가족의 비단 무역업을 물려받았다. 그는 사업이 실패하면서 부채 8,000파운드를 떠안고, 2~3년 만에 겨우겨우 부채를 청산할 수 있었다. 해트리는 후에 보험 브로커가 됐는데,

1914년에 시티 에퀴터블 화재 보험을 60,000파운드에 인수해 지배권을 취득한 후 또 다른 유명한 악덕 사기꾼 제라드 리 비밴에게 250,000파운드에 되팔아 차익을 챙겼다.

1920년대 해트리는 오스틴 프라이어스 신탁회사, 오크 투자회사와 던디 신탁 등 연속적으로 투자신탁을 설립했다. 그는 사기 수단으로 이 신탁을 적극적으로 이용했다. 오늘날의 포토부스의 전신격인 증명사진 자동촬영기에 관한 권리를 취득한 포토메이턴 그룹은 해트리가 주가 조작을 할 때 거미줄처럼 얽혀 있던 회사들의 중심에 있었다. 해트리는 합병과 통합을 통해 철강 사업에도 진출하고자 했지만, 이는 궁극적으로 그의 몰락을 초래했다. 해트리는 1929년 초반 철강회사 2개사를 매입한 뒤 런던에서 대영제국 철강산업 주식회사를 설립했다. 6월 들어 자금이 부족해지자, 자기 회사의 위조주권과 자신이 자금을 대여해 준 웨이크필드, 스윈던 그리고 글로스터 시 당국의 채권을 담보로 은행에서 자금을 차입하는 방법을 썼다. 런던 시티에 때늦은 경종이 울렸다. 증권을 담보로 해트리에게 대출을 내준 은행들은 불안해졌다. 로이드 은행은 회계법인 프라이스 워터하우스에 해트리 그룹 조사를 의뢰했다.

해트리는 즉시 죄를 자백하면서 위조증권을 매각하고 가공의 증권을 담보로 제공했기 때문에 런던과 지방에 소재한 최소 50~60여 증권회사가 어려움에 빠지게 될 것이라고 진술했다. 영란은행이 런던거래소에 이 사실을 알리자, 런던거래소는 1929년 9월 20일 긴급 회원자치위원회를 개최해 해트리가 보유한 7개 증권 종목의 매매를 정지했다. 같은 날, 해트리는 웨이크필드 시의 사기 증권을 이용해 포체스터 신탁회사로부터 209,000파운드를 차입한 혐의로 기소됐다. 영국의 상업적 명성을 훼손한 끔찍한 사기라는 죄목으로 해트리는 1930년에 감옥에 갇혔다. 해트리는 14년의 징역형을 선고받았지만 1939년에 석방됐다.

해트리와 관련된 거래의 결제시한은 9월 26일이었지만, 이듬해 2월 13일까지도 완료되지 않았다. 해결책을 모색하기 위해 런던거래소에 특별소위원회가 구성돼 몇 달에 거쳐 조사가 이루어졌다. 런던거래소는 위조증권으로 인한 일반투자자의 손실을 보전하기 위해 구제기금을 조성했다. 기금 조성자금은 총 100만 파운드로 산출됐다. 이 중 80만 파운드는 해트리의 거래와 관련이 있는 증권업자들이 부담하고, 잔여 20만 파운드는 다른 런던거래소의 회원들이 부담하기로 했다. 투자자 구제계획은 단순했다. 매수대금을 전액 지급했던 매수자는 기금에서 진성주권을 받았다. 매수대금을 전액 지급하지 않았던 매수자는 기금을 통해 결제 실패를 구제받았다. 위조증권은 전량 폐기했다.

런던 증권시장이 기금을 조성해 투자자를 구제한 것은 전례가 없는 일이었다. 그간 런던거래소의 악명 높은 매수자 위험부담 원칙

(caveat emptor)은 회원의 이익 이외에는 그 어떤 것도 고려하지 않는다는 것을 의미하고, 실제 일반투자자의 이익에는 전혀 관심이 없었다. 이미 반세기 전에 조사위원회가 이 문제를 지적한 바도 있지만, 런던거래소는 완전하게 이를 무시해 왔다. 증권업계가 태도를 바꿔 투자자 구제에 나선 이유는 아마도 전시 규제로 인해 전쟁 전의 과잉 경쟁이 성공적으로 억제되고, 1929년 10월의 금융과 산업에 관한 맥밀란위원회의 구성 때문인 듯하다. 언론은 런던거래소의 구제 계획에 대해 환영의 뜻을 나타냈다. 해트리 스캔들 이후 런던거래소는 주요 거래자 파악을 위해 '거래기록관리부서'를 설치했다.

월 스트리트 대폭락

1929년 9월 20일 런던거래소는 해트리가 사기와 위조죄로 투옥됐다는 소식에 대폭락을 기록했다. 런던 자금시장이 위축되고, 뉴욕에서 들어와 있던 콜 자금도 회수되기 시작했다. 런던 증권시장의 폭락으로 인해 미국 증권시장도 해외시장 투자에 대한 낙관론이 약화하면서 등락이 반복되는 불안정한 장세를 나타냈다. 1929년 9~10월 뉴욕 증권시장은 등락은 있었지만, 전체적인 추세는 내림세였다. 뉴욕증권거래소의 거래대금은 매일 일 평균 4~5백만 달러를 넘었다. 신규증권이 빈번하게 상장되고 가격에도 상당한 프리미엄이 붙었지만, 1929년 10월 24일 검은 목요일이 되자 매도 패닉이 발

월 스트리트 대폭락

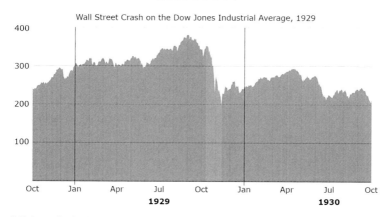

Wall Street Crash on the Dow Jones Industrial Average, 1929

출처: https://upload.wikimedia.org/wikipedia/commons/thumb/c/c5/1929_wall_street_crash_
graph.svg/1200px-1929_wall_street_crash_graph.svg.png

생했다. 거의 1,300만 주식이 최저가에서 거래가 일어났다. 심지어 거래에 어려움을 겪기도 했다. 하지만, 이날도 오후에 접어들어서는 시장이 소폭 상승했다. 하지만, 10월 29일 화요일의 뉴욕 증권시장은 여태껏 경험한 적 없는 사상 최악의 하루가 됐다. 장 종료 때까지 1,600만 주가 넘는 주식이 거래됐다. 과거 1년간의 주가 상승분이 모두 연기처럼 사라졌다. 11월 중순이 되어서야 잠깐 내림세가 멈추었다. 폭락은 멈추었지만, 바야흐로 전 세계적인 주식시장의 침체는 이제 막 시작되고 있었다.

런던 시티는 뉴욕 월 스트리트 대폭락의 영향이 예상보다는 적었다. 9월의 해트리 스캔들로 인해 악재가 선반영된 측면도 있었다. 매도 패닉도 거의 일어나지 않았다. 숨죽인 고요함이 만연했다. 일부 투자자가 은행 차입금 상환을 위해 증권을 매도해야 했지만, 대부분 주가는 대체로 현상 유지됐다. 한편, 브로커에 대한 단기 증권 담보 대출은 담보로 받은 기초자산의 매각이 어려울 때는 빠른 속도로 회수할 수 없게 된다는 것을 은행들은 잘 알고 있었다. 이에 따라 런던거래소 회원들에 대한 은행의 대출금이 축소되면서 증권시장과 단기자금시장의 연계는 전반적으로 약화했다.

1931년 영국은 깊은 금융위기에 처했다. 램지 맥도널드의 소수 노동당 정권이 붕괴하고, 8월 구성된 거국내각은 맥도날드가 전면에 섰지만, 실제로는 증권시장에 우호적인 보수당이 주도하게 됐다. 증권시장은 잠시 이 소식에 환호했다. 하지만, 곧이어 영국의 금본위제 탈퇴라는 소식에 엄청난 충격을 받았다. 영국은 7월 이후 파운드화 가격 지지를 위해 이미 2억 파운드 상당의 금 보유고를 탕진하고 있었다. 하지만, 금본위제 탈퇴라는 대단원의 막은 1931년 9월 19일 토요일에 내려졌다. 제1차 세계대전이 끝나고 런던거래소가 토요일에도 개장한 첫 번째 날이었다. 콘솔시장의 죠버들은 물밀듯이 들어오는 매도주문에 대응하기 위해 정신이 없었다. 파운드화 매도는 절정에 달했다. 영란은행은 런던거래소 회원자치위원장을 소환했다. 이 자리에서 영란은행 부총재는 이제 금본위제 탈퇴가 불가피하다고 런던거래소에 통보했다.

런던거래소는 월요일과 화요일 휴장을 결정했다. 그러나, 거리에서는 야단법석의 장외시장이 열렸다. 독일에서 발생한 것과 같은 인플레이션이 영국에서도 발생할지도 모른다는 두려움이 커졌기 때문이다. 런던거래소는 수요일에 개장하면서 전시와 같이 현금거래만을 허용했다. 어카운트거래, 콘탱고거래와 옵션거래는 전시 통제를 해제한 지 불과 3개월 만에 다시 금지됐다. 아울러, 런던거래소는 재무부의 요청에 따라 '영국 시민이 해외증권을 매수하는 것은 국가의 어려움을 가중하는 행위'라는 회원 안내문을 객장에 게시했다. 증권시장은 1932년 여름까지 내림세를 이어갔다. 많은 증권회사가 감원, 임금 삭감 및 구조조정을 시행했다. 한 증권회사는 다음과 같이 발표했다.

> "유감스럽게도 회사는 수익 감소로 직원에게 고통 분담을 요청하기로 했다. 11월 1일부터 모든 직원의 급여를 약 10% 삭감한다."

발행시장 정화

금융위기 여파로 신규증권 발행시장이 정화되고, 안전자산 회귀(flight to quality) 현상이 일어났다. 사기적인 주식 공모는 이제 증권시장에서 점점 어려워졌다. 정부의 규제로 인해 대영제국 소속국가의 증권을 제외하고는 해외증권의 발행도 크게 줄어들었다. 증권시장의 관심은 국내증권으로 급격하게 이동했다. 신규증권을 런던거래소에서 거래하기 위해서는, 즉 상장을 위해서는 우선 런던거래소의 허가를 받아야 했다. 브로커는 주식 매각을 위해 통상 투자신탁과 보험회사 등 기관투자자의 매수 의향을 타진했다. 증권을 인수할 브로커가 런던거래소에서 해당 증권을 취급할 죠버를 섭외하거나, 해당 죠버에게 대규모 물량을 매각하고 옵션을 부여하는 것도 일반적인 상장 관행이었다.

1930년대 중반에도 증권의 발행은 공모와 사모 방식이 병존했다. 공모 방식은 발행회사가 직접 주식을 발행하기보다는 인수회사가 발행회사로부터 주식을 인수한 뒤 매각하는 방법이다. 반면, 사모 방식은 증권브로커가 런던 시티의 인맥을 통해 주식을 매각하는 방법인데, 비싼 언론 광고를 피할 수 있었기 때문에 주로 소규모의 자본을 조달할 때 인기가 있었다. 사모 발행은 카제노브가 두드러졌는데, 이를 기반으로 카제노브는 제2차 세계대전 이후 기업금융 분야에서 경쟁력을 축적하게 됐다. 하지만, 사모 방식의 증권 발행에는 종종 논란이 뒤따랐다. 저비용으로 증권을 발행할 수 있는 장점이 있었지만, 주식 매입의 기회가 불평등하다는 점에 불만이 있었다. 카제노브는 1935년 브리스틀 에어로플레인의 사모 주식 공모를 주관했다. 영국 정부가 공군 확대를 발표하기 바로 직전이었다. 선택받은 투자자들은 높은 수익을 올렸지만, 런던거래소에는 많은 불만과 항의가 접수됐다. 런던거래소는 이 문제를 조사했지만, 사모에 특화한 대형 브로커의 기득권을 막을 수 없었다. 런던거래소는 신규증권의 발행은 사모 방식일 경우 투자설명서를 제공하거나 공모 방식이 바람직하다고 제안했지만, 규정을 개정해 반영하는 것은 반대했다. 이에 따라 사모는 나치 독일의 위협이 분명해져 시장이 침체하기 시작한 1930년대 말까지 계속 인기를 끌었다.

증권회사의 영업 방식

증권회사의 수익은 기본적으로 수수료 기반의 영업에서 창출됐다. 제임스 케이플 & 컴퍼니는 1920~30년대 여러 투자신탁의 브로커로서 런던 웨스트엔드 지역의 은행과의 연줄을 크게 활용했다. 이 연줄의 역사적 기원은 과거 18세기까지 거슬러 올라간다. 전통적으로 웨스트엔드 지역의 은행은 주로 귀족과 젠트리 등 부유층을 고객으로 두고 있었다. 제임스 케이플 & 컴퍼니의 파트너들은 매일 아침에 웨스트엔드 지역의 은행을 방문하는 '빅 웨스트(Big West)'라는 업무를 했다. 은행 고객의 투자 문의를 상담해 주는 것이었다. 해당 고객이 지급하는 거래 수수료를 은행과 나눠 가져야 했지만, 이렇게 얻는 수익 규모는 상당히 컸다. 또한, 부유하고 명망 있는 고객을 유치할 수 있는 영업상의 장점도 있었다. 런던 시티와 웨스트엔드를 오가며 주요 고객을 방문하는 것은 고위급 브로커의 일과 중에서 가장 중요한 업무였다.

좌파 저널리스트 니콜라스 데이븐포트는 한때 로위 & 피트먼에서 당시에는 사람들이 무시했던 경제분석 업무를 담당한 적이 있었다. 후에 자서전에서 그는 로위 & 피트먼을 신랄하게 비판했다. 개인적 연줄과 가족의 연줄은 예나 지금이나 동서양을 막론하고 중요한 것 같다. 물론, 비난을 받는 것도 마찬가지이고.

> "로위 & 피트먼의 사장 랜슬롯 휴 스미스는 가족, 고객과 친척들에게 충성을 받고 있다. 그는 시티 전역의 머천트뱅크, 투자신탁과 각종 금융기관에 포진한 형제, 사촌과 조카 등으로 구성된 스미스 가문의 대부와 같은 존재다. 스미스 가문의 어마어마한 양의 증권거래 업무는 모두 로위 & 피트먼을 통해 이루어진다. 로위 & 피트먼은 이를 주력으로 하면서 많은 회사의 공모를 주관하고, 이를 자신이 관리하는 생명보험사와 은행에 인수시킨다…… 로위 & 피트먼의 파트너들은 엄청난 수익을 올리면서 전국에 멋진 스타일의 집과 별장을 짓고, 전원의 사냥터로 사냥을 떠나곤 한다."

1930년대에 들어 보험사는 증권시장의 주요 투자자로 떠올랐다. 1935년 총자산 15억 8,700만 파운드 중에서 약 54%를 런던거래소 상장증권에 투자했다. 이 중 절반이 국채였는데, 주식투자에 대해서는 매우 회의적이었다. 제1·2차 세계대전 중에도 보험사는 애국충정을 발휘해 신규 자금을 거의 모두 국채에 투자했다. 제2차 세계대전이 발발했을 때 보험사의 총자산은 17억 5,000만 파운드가 넘었는데, 이 중 절반을 상장증권에 투자했다. 주택담보대출, 부동산, 현금 등 비시장성 자산이 나머지를 차지했다. 보험사는 공인회계사와 계리사를 갖춘 기관과는 비교적 안심하고 거래했다. 보험사의 이 같은 관행을 따르는 투자신탁과 연기금도 늘어났다. 이 때문에 일부 증권회사는 마지 못해 회계사와 통계학자 등을 채용하기 시작했다. 이 회계사와 통계학자들이 현재 우리가 '애널리스트'라고 부르는 직업의 원조다.

특정투자신탁 도입

런던의 브로커 버튼-볼드리는 1931년 미국을 방문해 특정투자신탁을 조사한 후에 영국에도 이를 적용할 수 있다고 믿었다. 당시는 월 스트리트 대폭락이 발생한 지 불과 몇 년밖에 지나지 않았고, 전 세계적으로 경제가 불황에 휩싸인 상황이었는데 상당히 대담한 발상이었다. 버튼-볼드리는 영란은행의 조지 부스 국장과 자신의 아이디어를 상의했다. 버튼-볼드리는 조지 부시 국장이 연고가 있던 머천트뱅크 뮤니시펄 제너럴 서비스를 통해 1931년 4월 M&G 퍼스트 브리티시 특정투자신탁(M&G First British Fixed Trust)을 출시했다. 영국에서 출시된 첫 번째 특정투자신탁이다. 투자 포트폴리오는 기업의 수익 전망, 안정성과 시장성을 기준으로 엄격하게 선별한 부츠, 커머셜 유니온 등 24개 종목의 주식으로 구성했다. 선별 기준을 벗어난 주식은 편입하지 않고, 특별한 상황이 발생하지 않는 한 20년 주기의 고정 포트폴리오를 유지했다. 이런 우량주식 분산투자는 국채 콘솔의 연 4.34% 수익률보다 훨씬 높은 연 6.79%의 수익을 제공했다.

처음에 브로커들은 개인 고객 상실을 우려해 특정투자신탁에 반대했다. 하지만, 증권시장의 시황이 회복되고, 영란은행의 우호적인 태도에 힘입어 투자신탁은 영국에서 순조롭게 시작할 수 있었다. 곧이어 세이브 & 프로스퍼, 내셔널 그룹, 얼라이드 인베스터스 등 오늘날의 단위형 수익증권과 개방형 투자회사와 유사한 투자신탁이 설정됐다. 1939년까지 15개 신탁회사가 89개의 투자신탁을 운영했다.

1932년 전시채권 교환

1932년 여름 영국의 경기 침체는 절정에 달했다. 정부는 제1차 세계대전 때부터 내려온 20억 파운드 상당의 30년 만기의 5% 전시채권을 만기를 특정하지 않은 3.5%의 영구채로 전환하는 작업에 착수했다. 국채 교환에 관한 루머는 1932년 3월 초부터 런던 시티에 퍼져 있었다. 당시 5% 전시채권의 이자액은 정부가 징수한 소득세의 40%에 달할 정도로 큰 부담이었다. 마침내 6월 30일 영란은행이 재할인율을 2.5%에서 2%로 인하한다는 발표가 있고 나서 정부는 곧

바로 국채 교환 계획을 발표했다.

런던거래소도 이 주에는 특별히 토요일에도 개장했다. 국채 교환에 반대하는 국채보유자에게는 중도상환 옵션을 줬다. 정부는 전시채권의 교환이 원활하게 이루어지기 위해 전시채권 교환 홍보국도 설치했다. 정부브로커 멀린스 마샬은 교환으로 발행되는 대규모 국채가 소화될 수 있도록 증권업계를 설득하는 역할을 맡았다. 당시 정부의 재정 상황을 고려하면, 3.5%라도 지급보장을 받을 수만 있으면 만족해야 하는 실정이었다. 총 20억 파운드의 국채 중 19억 2,000만 파운드의 교환이 이루어졌다. 이를 통해 영국 정부는 매년 2,300만 파운드를 절감할 수 있었다. 하지만, 국채 교환에 참여한 투자자는 계산이 복잡하나 이후의 금리 상승을 고려하면 실질가치 면에서 투자금액의 99%를 잃은 것으로 추산된다고 한다. 영국 정부는 콜옵션을 행사해 2015년 3월 9일에 3.5% 영구 전시채권을 모두 상환했다.

회원제도

제1차 세계대전 이후 런던거래소는 회원의 수, 구성과 활동에 대한 규제를 완화하지 않았다. 외국 국적의 회원 가입도 여전히 금지됐다. 회원 수는 약 4,000명 선으로 일정하게 유지됐지만, 브로커와 죠버의 비율에는 상당한 변화가 일어났다. 예전에는 전통적으로 죠버가 브로커보다 약간 많았지만, 1930년대 후반 브로커 2,491명, 죠버 1,433명으로 그 비율이 역전됐다. 런던거래소의 죠버는 은행과 비회원 증권업자 등 외부와의 경쟁에 직면해 제1·2차 세계대전 전간기 중 어려움을 겪었다. 브로커와 마찬가지로 객장에 배치할 수 있는 직원 수에 제한을 받았기 때문에 공격적인 업무확장도 어려웠다. 이로 인해 때로 소규모 죠버들이 파트너십을 체결해 특정 증권의 거래를 위한 비공식 연합체를 구성하기도 했다.

1928년 영국에서는 여성들이 참정권을 획득했다. 하지만, 런던거래소는 여성의 회원 가입을 허용하지 않고 있었다. 반면, 더블린증권거래소는 1925년에 이미 우나 케오프가 회원으로 가입해 있었다. 『파이낸셜 타임스』는 런던도 여성의 회원 가입과 관련한 법적 문제를 검토해야 한다는 기사를 실었다. 런던거래소는 법률 검토를 통해 남성이든 여성이든지에 상관없이 자신이 전적으로 회원 가입을 승인하거나 배제할 권한이 있다는 것을 확인했다. 10년 뒤 맵 고스넬이라는 여성이 회원 가입을 신청했지만, 회원 가입을 거부했다. 고스넬은 다음과 같이 유감을 표명했다.

> "혁신에는 어려움이 따른다. 시간이 해결할 수도, 해결하지 못할 수도 있다."

런던거래소의 회원들은 '손해배상공동기금'의 조성에도 합의했다. 은행은 이미 자사 직원의 사기로 인해 발생한 손실에 대해 보상을 하고 있었다. 하지만 증권시장에는 거래가 사기로 판명되거나 어떤 회사가 채무를 불이행하더라도 배상을 보장할 수 있는 제도적 장치가 부재했다. 손해배상공동기금을 조성하자는 제안에 대해 죠버와 브로커 양쪽으로부터 상당한 저항이 일어났다. 죠버는 일반투자자와는 직접 거래를 하지 않았기 때문에 손해배상공동기금을 사용할 일이 없었다. 브로커는 손해배상공동기금이 직원과 고객에 대한 기본적인 사항도 확인하지 않은 게으르고 부주의한 경쟁 브로커에게 보조금을 지급해 주는 것이라고 보았다. 회원들은 불만이 있었지만, 1938년 여름 손해배상공동기금 조성의 기본적 원칙에는 합의했다. 기존 회원의 자발적 기부금과 신입회원의 의무적 납부금을 통해 연간 20,000파운드로 추산되는 비용을 충당하기로 했다. 하지만 이 계획을 이행하기 전에 제2차 세계대전이 일어났기 때문에 실제 기금이 조성되지는 않았다. 런던거래소 손해배상공동기금은 1950년에 조성됐다.

런던거래소 안내서

1933년 11월『파이낸셜 뉴스』는 32쪽 분량의 '투자자를 위한 거래소 안내서'를 발간했다. 런던거래소 회원자치위원장 아치볼드 캠벨이 서문을 썼다. 안내서는 런던거래소를 다음과 같이 소개하고 있다.

"처음에는 시각적 모습보다 소음이라는 특징에 압도당한다. 경험 많은 하우스의 사람들은 시장 상황에 관한 아이디어를 얻으려면 하우스의 어떤 문으로든 들어가 1분 정도만 귀 기울여 들으면 충분하다고 말한다. 아마도 숙련되지 않은 청취자에게는 이 소음이 단지 의미 없이 시끄러운 소리로만 들릴 것이다. 이 소음의 특성에 대해서는 다음과 같이 말할 수 있다. 시장이 활발할 때는 그 소리가 발전기 돌아가는 윙윙 소리에 비견할만하다. 시장이 잠잠할 때는 소음이 상당히 커지고 고저가 있으며 자주 일제히 웃는 소리나 한물간 유행가 한 자락이 소음을 대체한다."

안내서는 아티스트 렉스 휘슬러가 각 시장 회원의 특징을 살려 지도 형태로 객장을 구성해 그린 재미있는 삽화[6]도 실었는데, 철도시장의 죠버는 증기기관차를 탄 실크햇의 신사, 카퍼시장의 죠버는 세실 로즈의 동상 주변을 춤추고 있는 원주민, 미국시장의 죠버는 자유의 여신상으로 그렸다. 죠버의 영업장소인 피치(pitch)와 런던거래소의 객장 근무직원은 다음과 같이 설명하고 있다.

"죠버의 피치에는 머리 위 높이의 각 기둥 주변에 취급하는 주

---

6 https://storage.googleapis.com/raremaps/img/xlarge/23454.jpg

식의 목록이 꽂혀 있다. 작은 연단을 닮은 나무 스탠드 의자에는 금장 수술로 장식된 실크햇을 쓰고, 목 부분을 적색 천을 덧댄 금장 단추로 장식된 진청색의 정장 제복을 입은 런던거래소 직원인 웨이터가 앉아 있다."

안내서에는 브로커 명단과 파트너 이름을 실었다. 차익거래 기법, 신규증권 발행 방법, 거래와 결제에 관한 내용도 담겨 있다. 한편, 1933년 런던거래소도 자체적으로 '증권거래소의 업무'란 제목으로 공식 책자를 발간했다.

제2차 세계대전

1937년 런던거래소 수탁관

리자들은 나치 독일과의 전쟁이 불가피하다는 것을 기정사실로 받아들이고 공습 대처 방안 등 비상계획을 마련했다. 독일의 런던 폭격은 런던거래소에 큰 위험이 될 것이 분명했다. 한편, 런던거래소와 달리 증권업자들은 전쟁에 대해 낙관적인 태도를 유지했다. 네빌 체임벌린 총리가 9월 28일 뮌헨에서 돌아와 다우닝 가에서 '명예로운 평화' 연설을 발표한 뒤에는 증권업자들이 쓰로그모턴 가에 모여 장외 시간외거래에서 한몫 잡기 위해 한바탕 소란도 벌였다. 이튿날 증권시장은 '이제 전쟁은 없다'라는 분위기였다. 증권업자들은 체임벌린 총리에게 축하 메시지를 보내기도 했다.

그러나 런던거래소 운영진은 독일과의 전쟁 발발을 계속 우려할 수밖에 없었다. 실제로 전쟁이 일어나면 어떻게 런던거래소를 운영할 것인지에 대해 영란은행 그리고 재무부와 논의를 계속했다. 만일을 대비해 비상설 소위원회를 구성하고, 청산결제 등 구체적인 문제에 대해서도 논의했다. 많은 증권회사가 파트너의 개인 집에 중요 장부와 서류를 이전하고 필수 직원을 수용할 수 있는 비상 장소를 마련했다. 런던거래소가 회원의 원격지 사무실에서 영업을 허가한 것은 100년이 넘는 기간 동안 처음 있는 일이었다.

런던거래소 수탁관리자들은 객장 천장의 넓은 유리 지붕을 걱정했다. 공습으로 유리가 깨지기라도 한다면 많은 사상자를 낼 것이 분명하고, 증권거래의 연속성도 보장할 수 없었다. 격론 끝에 1939년 6월 영국 남부의 버킹엄서에 있는 데넘의 영화 스튜디오의 1층과 2층을 임대하기로 했다. 객장으로 사용하기에 충분하고, 죠버와 직원에게 거처도 제공할 수 있는 넓이였다. 브로커에게는 공간을 제공하지 않고, 근처에 집이나 사무실을 스스로 확보하도록 했다. 그러나, 런던거래소는 교외 이전계획을 실행하지 못하고 포기했다. 런던 시티와 데넘 사이의 통신 시설이 너무 열악했고, 무엇보다 런던과 데넘을 운행하는 특별열차 계획이 무산됐기 때문이다. 또한, 콘솔시장은 영란은행에서 멀어지는 것을 강력하게 거부했다.

전시 증권시장 운영

1939년 9월 3일 전쟁이 선포됐을 때, 런던거래소는 제1차 세계대전의 경험으로 만반의 준비가 되어 있었다. 시장 침체로 미결제계좌

가 최소수준으로 감소한 것이 오히려 축복으로 여겨졌다. 1939년 9월 1일 런던거래소는 휴장과 잔존 거래의 결제 정지를 발표했다. 9월 7일 목요일에 재개장했지만, 이때 이미 장외시장은 활발하게 돌아가고 있었다. 전쟁 전에 체결된 매매계약은 9월 21일까지 결제하고, 이후의 모든 거래는 즉각적인 대금결제 및 증권인도 방식에 의한 현금거래만 허용했다. 국채는 다시 최저가격 규제를 적용했다.

1940년 9월부터 독일은 본격적으로 런던을 공습했다. 런던거래소는 소이탄으로 인한 화재에 대비해 회원과 자체 직원으로 구성된 화재 탐지반을 운영했다. 공습 위험이 감지되면 경적이 울려 퍼졌다. 런던거래소가 있는 케이플 코트의 부지에 최대 760명을 수용할 수 있는 방공대피소도 마련됐다. 화재에 대비해 비상 소방서를 지하층에 설치하고, 소방차, 펌프 및 중장비 등도 마련해 두었다. 1940년 12월 29일 야간에 독일의 소이탄이 런던거래소의 옥상 지붕 위에 떨어졌지만, 큰 피해 없이 곧바로 진화됐다. 이날 독일의 대규모 공습으로 인해 런던에는 1666년 9월 런던 대화재 이후 시티에서 발생한 것 중 가장 큰 화재가 발생했다. 1940년 10월에는 낙하산 지뢰의 폭발로 쓰로그모턴 가 쪽에 난 런던거래소의 창문이 모두 부서지고, 근처 여러 회원사의 사무실도 파괴됐다. 거래 방식의 변화는 불가피했다. 런던거래소 객장이 폭격으로 피해를 보았을 때를 대비한 계획도 필요했다. 객장 매매 대신 전화를 이용한 거래가 권장됐다. 하지만, 런던거래소는 전쟁 내내 휴장 없이 계속 개장했다. 객장이 V2 로켓으로 피해를 보아 1945년에 하루 동안 폐쇄된 적이 있었지만, 이때도 증권거래는 지하에서 계속했다. 모든 거래는 현금결제를 통해 이루어졌다.

전쟁과 함께 국제 증권시장에서 런던거래소의 영향력은 점점 더 사라져갔다. 영국의 해외 투자액도 1939~46년 사이 11억 파운드 이상 감소했다. 하지만, 런던거래소는 정부의 전쟁 수행에 필요한 전비 조달에 차질이 발생하지 않도록 적극적으로 협력했다. 신규증권의 발행과 관련된 권한은 재무부에 양도했다. 이에 따라 신규증권의 발행은 거래소 평의회와 정부의 자본증권 발행위원회의 승인을 받도록 했다. 국익에 부합하지 않으면 신규증권의 발행을 절대 허가하지 않았다. 런던거래소는 신규증권의 발행으로 인해 정부의 전비 조달을 위한 국채 발행에 해가 되지 않도록 회원들이 가능한 모든 조처를 해야 한다고 주의를 신신당부했다. 런던거래소는 원칙적으로 전시 통제에 찬성했지만, 미승인 증권이 장외의 회색시장에서 빈번하게 발행되고 있는 것에 대해서는 정부에 불만을 제기했다. 재무부는 1944년 10만 파운드 이하의 증권에 대해 발행 제한을 폐지하고, 미승인 증권이 장외에서 거래될 수 없도록 조처했다.

제2차 세계대전 기간 중 런던거래소의 수입 감소는 극심했다. 런던거래소 수탁관리자들은 제1차 세계대전 때와 마찬가지로 군에 입대한 회원과 객장직원의 연회비를 면제해 줬다. 이로 인해 런던거래소는 연간 약 25만 파운드의 수입이 감소했다. 더불어 건물 임대수익 하락, 세입자 이탈과 엄격한 신문용지 배급정책으로 인한 유료 증권시세표 제작의 어려움으로 런던거래소의 수지는 더욱 악화했다. 결국, 런던거래소는 1942년부터 회원의 연회비를 인상했다. 1942년에는 최초로 증권회사의 여성 직원 채용을 허가했다. 하지만, 이 특권은 제2차 세계대전 종전 후인 1946년 바로 철회됐다.

회원 평의회

1904년 규정에 따라 1942년까지 거의 모든 회원이 런던거래소의 주주인 건물소유주가 됐다. 주식을 대량 보유한 회원은 거의 없었기 때문에 주주와 회원 간의 이해 상충의 문제도 많이 줄어들었다. 수탁관리자위원회와 회원자치위원회라는 런던거래소의 이중관리체계를 단일관리체계로 개편하자는 목소리도 높아졌다.

1942년 7월 수탁관리자위원회와 회원자치위원회가 합동위원회를 구성해 런던거래소 운영 관리를 위한 단일기구의 구성, 자산의 이전과 관련한 재정적 문제 및 런던거래소 법인화를 논의한 결과, 1945년 3월 25일부터 회원자치위원회를 폐지하고, 수탁관리자 9명과 투표로 선출된 30명의 회원으로 단일기구인 런던거래소 회원 평의회(Council)를 구성하기로 했다. 재정적 문제와 법인화에 관한 문제는 전쟁이 끝난 뒤에 다시 논의하기로 했다.

홍보관

1945년 4월 24일, 런던거래소는 로버트 피어슨을 평의회 의장으로 선출하고 종전 후의 증권시장 운영에 대해 논의하기 시작했다. 여기서 건물 재건축 계획도 논의했다. 런던거래소는 현재의 건물이 시대에 많이 뒤떨어져 있다고 생각했다.

대외 이미지를 개선하는 것도 시급한 문제였다. 런던거래소에 대한 일반인의 인식을 조사한 결과, 런던거래소가 공동체에 유용한 서비스를 제공하냐는 질문에 1) 그렇다 29%, 2) 아니다 33%, 3) 모르겠다 38%의 매우 실망스러운 결과를 얻었다. 평의회에서는 많은 사람이 런던거래소를 마권 판매업자의 모임이나 모나코의 몬테카를로와 같은 도박장쯤으로 인식하고 있다는 자성의 목소리가 쏟아졌다. 홍보 담당관이 필요하다는 의견도 제기됐다.

대외 홍보의 중요성은 점점 커지고 있었다. 이에 따라 런던거래소는 1947년 증권시장에 관한 대외 홍보를 위해 광고 대행사의 임원 메이저 해리슨을 상근 홍보 자문역으로 선임했다. 그의 제안에 따라 1951년 대영제국 축제 기간 중 이례적으로 런던거래소를 일반인에게 개방하고, 회원과 직원이 방문객을 안내해 런던거래소를 둘러볼 수 있도록 했다. 런던거래소의 업무에 관한 안내 소책자도 발간했다. 초판 10,000부와 재판 20,000부가 불티나게 소진될 정도로 인기가 높았다.

1953년 11월에는 홍보관을 개관했다. 1878년 왕립위원회가 홍보관 설치가 필요하다고 제안한 지 75년이나 지난 뒤였다. 1958년에는 세련된 유니폼의 여성 홍보관 가이드도 채용했다. 여성 홍보관 가이드는 신규채용과 퇴직이 매우 빈번했다. 런던거래소 회원 중에서 재빨리 남편감을 찾아내 결혼해 버렸기 때문이다. 런던거래소는 여성 홍보관 가이드를 이용해 회원들에게 객장에서 말타기 놀이와 종이 던지기 등 소란스러운 행위를 자제해 달라고 요청했다. 어느 정도 미인계의 효과가 있었다고 한다.

런던거래소는 천천히 세간의 시선에 익숙해졌다. 1958년에는 '내 말이 곧 계약이다'를 제목으로 하는 영화를 제작해 홍보관 옆의 작은 영사실에서 상영했다. 증권시장을 주제로 텔레비전도 많은 특집방송을 내보냈는데, 런던거래소 평의회는 부정적인 내용이 방송되지 않도록 사전에 많은 부분을 검열했다. 늘어나는 증권시장에 관한 교육 정보 수요에 대응하기 위해 약 70여 명의 강사단도 구성했다.

전후의 변화

1945년 5월 8일 화요일은 유럽 전승 기념일이 됐다. 유럽은 5월 8~9일을 은행 휴무일로 지정하고 종전을 기념했다. 5월 14일 월요일 런던거래소는 행사를 개최했다. 콘힐 세인트 마가렛의 성공회 교구 신부가 집도한 행사에서 근위보병 제1연대가 찬송가와 합주곡을 연주했다. 예전에 전쟁에서 승리하면 늘 하던 회원 단체 합창은 없었다. 아직 군대에는 약 1,250명의 런던거래소 회원과 1,000명 이상의 직원들이 남아 있었다. 런던거래소 회원과 직원 228명이 전쟁 중 목숨을 잃고 전쟁 기념비에 전사자로 추가됐다.

종전 뒤에는 잠시 무기력이 시장을 지배했다. 공산주의 소련의 정치적 상황도 문제였지만, 더 큰 이유는 1945년 7월 5일의 임박한 선거 때문이었다. 현실은 처칠의 보수당 정부가 복귀할 가능성이 크지 않았지만, 그렇다고 증권시장에 적대적인 사회주의 노동당이 승리하리라고 생각한 증권회사도 많지 않았다. 증권시장에서는 보수당이 적어도 30석 이상 차이로 의회 과반수를 차지할 것으로 예측했다.

해외 파병 중인 군인 300만 명의 투표함 운송 문제로 개표 결과는 7월 말 발표되었는데, 예상을 깨고 클레멘트 애틀리가 과반을 확보하고 사회주의 노동당 내각의 총리가 됐다. 애틀리의 노동당 정부는 국민에게 내핍을 호소하고 영란은행, 철도, 석탄, 가스, 전신, 전화 등 주요 기간산업 국유화를 추진했다. 증권업계는 애틀리의 정치적 압승에 충격을 받았다. 기간산업의 국유화의 불안감으로 증권 가격은 즉시 큰 폭으로 하락했다.

증권시장에는 악재가 만발했다. 사회주의 성향의 정부는 증권거래소와 증권시장이 상징하는 자본주의에 적대적이라고 알려져 있었다. 애틀리의 노동당 정부가 국채 발행 대신에 정부의 재정 자금 조달과 관련한 별도의 대안을 마련해 시행한다면 증권시장 자체가 고사할지도 모른다는 위기감이 증폭됐다. 또 다른 측면에서의 위험도 존재했다. 우선, 주식 거래는 지방거래소가 런던거래소의 경쟁력을 잠식했다. 다음으로 할인상사가 브로커의 중개 없이 직접 은행 또는 기관투자자와 국채거래를 하면서 브로커와 죠버의 역할을 위협했다. 해외증권 부분에서는 이제 뉴욕시장이 국제 증권시장의 중심이 됐다. 런던 증권시장 자체의 변화는 별로 없었지만, 전쟁에서 복귀한 증권업자들은 전쟁 전과 비교해 런던의 증권시장이 훨씬 불안하고 활력이 떨어졌다고 느꼈다.

산업의 '사회주의화' 기간산업의 국유화는 증권업계에 큰 우려를 불러일으켰다. 재무장관 휴 달턴은 영란은행이 첫 번째 국유화 인수대상이고, 석탄 산업이 다음 차례가 될 것이라고 밝혔다. 신규증권 발행 통제와 외환 통제도 전시 때와 마찬가지로 유지할 것이라 했다. 노동당은 제2차 세계대전 중의 전시 통제가 국가의 자원 운용에 효율적이라고 봤다. 따라서 이를 전후에도 적용하지 못할 이유가 없었다. 아울러 노동당은 기업의 배당금에 대해서도 7.5%의 배당소득세를 부과하고, 증권거래에 따른 인지세도 1%에서 2%로 인상했다. 다행히 영란은행의 국유화는 상징성이 있었지만, 자본시장에 미치는 영향력은 크지 않았다. 영란은행이 여전히 독립성을 가지고 운영됐고, 금융시장과 관련해 런던 시티에서 그 권능을 그대로 유지했기 때문이다. 이후 6년 동안 탄광, 제철소, 철도, 전기와 가스 등 기간산업의 국유화가 이어졌다.

철강산업 국유화를 포함해 전체 국유화 프로그램에 든 비용은 21억 5,000만 파운드로 추산된다. 이는 엄청난 규모의 국채 발행 증가를 가져왔다. 증권시장은 희비가 교차했다. 국유화 인수계획에 따라 귀속일이 정해지면 증권시장에서는 활발한 거래가 이루어져 잠시 생기를 불러일으켰다. 하지만, 국유화된 산업 분야는 곧 증권시장에서 사라졌다.

런던 증권시장은 숨죽인 듯 조용한 상태를 유지했다. 증권업자들은 어카운트거래, 콘탱고거래 및 옵션거래 금지와 같은 전시 통제가 하루빨리 해제되기만을 기다렸다. 사실, 런던거래소는 현금거래 중단을 위해 전쟁이 끝나기도 전인 1945년 3월부터 정부와 협의했지만, 허가를 받지 못했다. 어카운트거래는 전후인 1946년 12월이 돼서야 재개할 수 있었다. 콘탱고거래는 투기적 목적으로 이용되지 않을 것이라는 런던거래소의 보증 아래에서 1949년 4월부터 허용됐다. 영란은행은 옵션거래의 재도입은 단호하게 반대했다. 비회원 증권회사들이 옵션거래를 이용하고 있고, 런던거래소에서도 소수지만 옵션거래의 재개를 열망하는 집단이 있다는 것을 알고 있었지만, 런던거래소 평의회는 한동안 옵션거래를 금지하다가 1958년 5월이 돼서야 재개했다. 영란은행은 여전히 옵션거래를 반대했지만, 런던거래소 평의회는 이번 한 번만은 영란은행의 뜻과 다르게 움직였다.

주식 숭배

정부의 코헨위원회는 회사법 개혁을 위해 1945년 7월 보고서를 제출해 국가 경제의 건전성을 위해서는 기업의 유한책임 원칙이 필요하다고 밝혔다. 코헨위원회를 통해 제정된 「1948년 회사법」은 영국에서 이른바 '주식 숭배(Cult of the Equity)' 현상을 일으켰다. 주식 숭배는 펜실베니아대학 와튼스쿨의 제레미 시겔 교수가 창시한 이

론으로 1912년 이후 주식투자는 연평균 6.6%의 수익률을 기록해 장기적으로 채권투자보다 높은 수익을 올렸다는 점을 들어 항상 주식이 채권보다 수익률이 높을 것이라고 주장하는 이론이다. 일반투자자와 기관투자자 모두 적극적으로 포트폴리오를 조정했다. 전쟁 중에 별수 없이 국채를 매입했던 기관투자자도 이제 분산투자를 위해 주식으로 눈을 돌렸다. 주식 숭배의 서막이 오른 것이다.

임페리얼 토바코 펜션 펀드의 매니저 조지 로스 구비는 영국에서 주식 숭배와 관련해 선구자와 같은 인물이다. 구비는 열렬한 골프광이었는데, 한 투자 컨퍼런스에서는 골프 핸디캡보다 관리하는 펀드의 투자 수익률이 더 높은 유일한 펀드 매니저라고 소개되기도 했다. 그는 실질가치 면에서 회사의 배당금이 오를 것이라고 보고 1948년부터 적극적으로 국채에서 주식으로 투자 포트폴리오를 조정했다. 한때는 펀드 자금의 80%를 주식에 투자하기도 했다. 당시로써는 상상하기 어려운 매우 급진적인 투자 방식이었다. 처음에는 많은 회의론에 직면했지만, 인플레이션으로 국채 수익률이 잠식당하자 그의 주장이 옳다는 것이 증명됐다. 인플레이션 상황에서는 만기에 고정된 원리금을 지급하는 채권은 투자 매력이 떨어진다. 반면 기업의 잉여이익에 대한 청구권을 나타내는 주식은 물가 상승에 대한 헤지 수단으로서 그 효용성이 높아질 수밖에 없다. 한편, 채권투자 수익률이 주식투자 수익률보다 높아지는 이른바 리버스 일드 갭(reverse yield gap)은 이로부터 10년 이상의 길고 점진적인 시간이 지난 뒤에야 나타났다.

신규증권 발행 통제에도 불구하고 어느 정도의 신규증권 발행업무는 존재했다. 1948년 회사법에 따라 신규증권 발행업무는 그 과정이 복잡해졌는데, 자금이 풍부한 머천트뱅크가 브로커보다 유리해졌다. 머천트뱅크는 증권 발행업무에 관한 지식과 경험이 풍부한 직원을 채용할 수 있는 자금 여력이 충분했기 때문이다. 점차 브로커들은 신규증권 발행업무에 있어서 머천트뱅크와 직접 경쟁하기보다는 협력하는 것이 전략적으로 유리하다고 판단하게 됐다. 규모가 작아 머천트뱅크가 취급하지 않는 1백만 파운드 이하의 소규모 증권 발행은 틈새시장으로 브로커가 차지했다. 사모 방식의 증권 발행은 발행자에게 인기가 있었지만, 일반투자자가 배제됐기 때문에 런던거래소 평의회는 이를 제한했다. 1958년 12월에 규정을 제정해 사모의 경우 주식은 최소 25%, 채권은 최소 20%를 시장에서 매수할 수 있도록 의무화했지만, 여전히 런던거래소 평의회는 완전한 투자설명서가 수반되는 공모 방식을 선호했다.

1949년 가을, 미국의 경기 침체로 인해 영국 상품의 미국 내 판매가 줄고, 영국 내 금과 달러 보유액이 감소했다. 이는 파운드의 평가절하를 촉발했는데, 파운드화는 4.03달러에서 2.80달러까지 환율이 떨어졌다. 1949년 9월 18일 일요일 저녁 재무장관은 라디오 방송을 통해 전국에 파운드화 평가절하를 발표했다. 런던거래소는

9월 19일 월요일에 휴장했지만, 거리의 장외시장에서는 활발한 증권거래가 이루어졌다. 특히 금광주식의 가격이 상승했다. 곧이어 다른 나라들도 파운드화를 따라 자국 통화를 평가절하했다.

증권시장 개편

런던거래소에는 시장 운영과 관련한 업무에는 아무런 권한도 없는 약 4,000명의 주주가 있었다. 이들은 건물 소유권을 가지고 있었지만, 재건축이나 건물 개선에 필요한 비용에 대해서는 지출을 매우 꺼렸다. 당시 런던거래소 건물과 사업권은 모두 합쳐 400만 파운드의 가치를 가지고 있는 것으로 평가됐다. 논의 끝에 총발행주식 20,000주를 4%의 연금증권 40,000매로 전환하기로 했다. 회원이 아닌 자는 모두 1948년 3월까지 기존 주식을 연금증권으로 교환하고, 모든 회원에게는 런던거래소 신주 1주를 발행해 교부하며, 런던거래소의 신주는 아무런 가치도 없고 회원권이 정지되면 같이 효력을 배제하기로 했다. 이 계획은 압도적인 찬성으로 결의됐다. 마침내 1948년 런던거래소는 수탁관리자위원회와 회원자치위원회를 모두 해산했다. 대신 런던거래소 평의회가 회원자치위원회의 시장 운영업무와 수탁관리자위원회의 부동산 및 자산관리업무와 관련한 모든 책임을 인수했다.

존 브레이쓰웨이트는 처음에 1937년에 포스터 & 브레이쓰웨이트의 파트너로서 런던거래소 회원자치위원회에 참여했다. 1949년 런던거래소 평의회 의장이 된 뒤 1959년 은퇴할 때까지 10년간 자신의 발자취를 런던 증권시장에 뚜렷이 남겼다. 평의회 의장의 지위는 무보수 비상근이었지만, 그는 사실상 상근 의장의 역할을 했다. 1954년 작위를 받았다. 브레이쓰웨이트는 런던거래소가 상류층의 도박장에 불과하다는 주장에 대해 격분하곤 했다. 추밀원 의장을 역임한 허버트 모리슨이 런던거래소를 경마장에 비유했을 때, 브레이쓰웨이트는 큰 분노를 쏟아냈다. 공공재정에 이바지하는 증권시장의 가치를 강조하면서 런던거래소나 증권시장에 대한 무지한 공격은 그 자체가 국가의 신용을 훼손하는 것이라고 주장했다.

1938년 기본 원칙 합의 후 진전이 없던 '손해배상공동기금'을 1950년에 설치한 것도 브레이쓰웨이트의 업적이다. 손해배상공동기금은 일반투자자로부터 자금이나 증권의 투자를 위탁받은 런던거래소 회원이 고객의 채무불이행으로 입은 손해를 보전할 목적으로 설치했는데, 회원 가입금으로 조성했다. 증권거래에 부과되는 인지세는 시황이 악화한 시기에는 언제나 불만의 대상이었지만, 브레이쓰웨이트는 평지풍파를 일으키는 것을 원하지 않았다. 따라서, 완전한 폐지보다는 2%의 인지세의 축소를 위해 노력했다.

전쟁이 끝난 뒤 곧바로 런던거래소는 재무부와 비공식적으로 재무부의 대리인 역할을 하던 영란은행과 향후 서로 간에 다소 복잡한 관계를 형성하게 되는 협상을 시작했다. 이를 통해 재무부와 영란은행이 부과하는 증권시장에 대한 여러 규제를 수용했지만, 반대급부로 회원의 자율규제에 의한 런던거래소 운영체제는 유지하게 됐다. 그가 평의회에 제출한 메모에는 이와 관련한 그의 입장이 잘 드러나 있다.

"증권시장이 자율규제 상실의 위험을 무릅쓰지 않으면서 원하는 대로 행동할 수 있는 자유를 확보하는 것이 우리의 이익에 부합한다. 런던거래소는 현재 고려하고 있는 변경사항이나 공공정책에 영향을 미칠 수 있는 변화를 영란은행에 통보할 것이다. 이 내용에 대해 영란은행이 재무부와 접촉한 뒤에, 때로 재무장관에게 직접 보고된 뒤에, 조언을 받을 것이다. 이는 공식적인 승인, 불승인이 아니고, 단순한 구두 의견의 표현일 뿐이며, 런던거래소는 원하는 대로 자유롭게 행동할 수 있다. 이러한 비공식적인 통제가 월 스트리트 붕괴로 인해 의회가 1934년에 증권거래위원회(SEC)를 설립한 뉴욕의 공적이나 법적인 통제보다 훨씬 바람직하다."

존 브레이쓰웨이트가 은퇴한 1959년은 런던 주식시장에 멋진 한 해였다. 10월 선거에서 보수당이 정권을 회복하자, 증권시장은 열광적인 거래로 이를 환영했다. FT 지수는 268.6포인트에서 284.7포인트로 6%나 상승했다. 연말에는 「신탁법(Trustee Act)」이 개정돼 과거에는 채권투자로만 제한됐던 신탁 자금의 50%까지 주식에 투자할 수 있게 됐다는 좋은 소식도 전해졌다. 증권거래는 정말로 활황을 보였다. 보수당 승리의 안도감으로 런던거래소의 회원 지명가입비는 1959년 3월 175파운드에서 11월에는 거의 10배에 달하는 가격의 급등으로 이어졌다.

증권회사

런던거래소의 죠버는 객장 내 피치의 위치가 매우 중요했다. 피치는 공간이 매우 협소했는데, 대략 60cm × 30cm의 작은 보드를 벽에 걸고, 대략 1.2m 정도 떨어진 곳에 사람이 서 있을 수 있을 정도에 불과했다. 기둥을 끼고 있는 곳이 좋은 자리였다. 또, 피치는 대형 브로커의 동선과 가까이 있는 것이 가격 호가와 매매 판단에 유리했다. 어떤 죠버가 피치를 옮기거나 합병해 공간이 생기면 유리한 위치를 차지하기 위해 죠버 간에 뜨거운 경쟁이 벌어졌다.

런던거래소에는 파트너 1명과 관리직원 1명으로 구성된 소규모 죠버가 많았다. 활발히 거래하는 죠버도 20~30여 개사에 불과했다. 하지만, 1950~60년대에 들어오면서 죠버는 곤경에 빠졌다. 기관투자자들이 대량거래를 원하면서 이를 소화하기 위해서는 죠버의 자본 증액의 필요성이 높아졌기 때문이다. 하지만, 런던거래소 평의회는 죠버가 외부자본을 이용하는 것을 허용하지 않았다. 이로 인해 일부 죠버는 사업을 접고, 일부는 죠버 간에 합병했다.

죠버에 비해 덜하긴 했지만, 브로커도 자본 증액의 필요성이 높아지면서 합병을 시작했다. 수지 판단의 보조 수단으로만 사용하던 관리회계의 중요성을 인식하면서 1950년대 후반부터는 관리회계가 증권업계 표준으로 정착됐다. 손해배상공동기금 설치 뒤 회원 브로커의 재무 상황을 면밀하게 조사하고자 하는 런던거래소 평의회의 요구도 관리회계 도입에 영향을 미쳤다.

회사의 규모를 불문하고 브로커에게 좋은 인맥은 여전히 매우 중요했지만, 리서치와 증권분석 같은 전문적인 기술의 중요성도 증가하고 있었다. 이 때문에 증권회사는 전문인력의 채용을 크게 늘렸다. 이 중 필립스 & 드류는 리서치 분야에서 선도적 회사였다. 1950년대부터 체계적으로 회계사를 채용하기 시작해 다른 증권회사와 달리 파트너 친인척의 채용을 전면 금지하는 전례 없는 조처를 하고, 최고의 우수한 외부인력만을 채용했다. 이를 통해 연기금 기관투자자에게 기업/산업 분석 보고서를 제공하면서 거래의 80% 이상을 기관투자자의 주문으로 채웠다. 제임스 케이플도 조사역량을 강화하고 투자신탁 분석 자료를 고객에게 제공했다. 또, 외국인 파트너를 영입해 호주 주식과 유럽 증권과 같은 전문적 분야로 서비스를 확대했다.

투자정보

투자 분석 수요 증가에 따라 상장회사들은 더 많은 정보를 공시해야 했다. 런던거래소는 모든 상장회사에 더 많은 정보의 공시를 촉구하고, 완전한 정보 공시의 장점을 빈번하게 강조했다. 하지만, 이율배반적이게도 런던거래소 자신은 극도의 비밀주의를 유지하면서 자신의 업무와 관련된 정보의 공표를 매우 꺼렸다. 예를 들어, 런던거래소는 일간 공식 시세표를 통해 전일의 거래가격과 거래량에 관한 정보를 제공했지만, 거래 정보의 공표는 전적으로 회원의 자발적 의사에 의존하고, 특별한 가격에 이루어진 거래는 아예 정보 공표 자체를 하지 않았기 때문에 공식 시세표에 기재된 정보조차도 매우 불완전했다. 1959년의 래드클리프위원회는 영란은행이나 런던 시티에 소재한 대다수 금융기관도 마찬가지지만 런던거래소의 거래 정보 제공이 매우 부적절하다고 지적했다. 1964년 9월부터 런던거래소는 주식과 만기 5년 이상의 국채 등 5개 섹터에 대한 월간 거래량과 거래대금 통계를 발표하기 시작했다.

증권시장의 전산설비 도입도 시장 정보 흐름의 가속화에 도움이 됐다. 런던거래소는 1949년 결제업무 효율화를 위해 홀러리스 천공카드 시스템을 설치하고, 1964년에는 거래소 최초의 컴퓨터인 IBM 360을 도입해 결제 시스템으로 이용했다. 영국 제품을 채택하지 않은 것에 대한 비판도 제기됐지만, IBM은 런던 증권시장의 결제 비용 절감에 크게 이바지했다.

런던거래소 재건축

제2차 세계대전 종전 뒤 런던거래소의 회원 수는 변동을 거듭했다. 1954년 8월 시작된 시장의 호황으로 인해 회원 수 감소세도 완화됐다. 1955년 3월에는 몇 년 만에 신입회원과 런던거래소를 떠난 회원 수가 균형을 이루었다. 하지만, 런던거래소 건물은 환기 시설이 부적절하고, 여전히 구식 스피커를 사용하고 있었다. 전화기도 부족해서 회원들은 자주 줄을 서 기다려야 했다. 청산소와 일부 부서는 공간이 협소하고 증가한 업무량으로 인해 매우 고전했다.

사실 런던거래소는 1948년에 건물 재건축 설계를 완성하고, 1949년에 조건부 건축 승인도 받았지만, 런던 시티의 건축 제한으로 인해 전쟁이 끝난 뒤에도 한동안 재건축에 착수하지 못하고 있었다. 재건축과 관련한 막대한 소요 비용이 런던거래소에 비판적인 사회주의자들에 비난의 여지를 줄 수 있다는 우려도 심했다.

1951년 보수당 정부가 집권하면서 외부의 비난에 대한 우려도 사라졌다. 하지만, 당시 런던거래소의 재정 상태로는 건물 신축을 시작할 여력이 없었다. 회원 수 감소로 연회비 수입이 줄어드는 상황에서 1948년에 건물 소유권을 회원이 인수하면서 발행한 4% 연금 증권의 이자는 부담이 매우 컸기 때문이다. 이때 영리 사업체라기보다는 회원제 조직으로 런던거래소를 과세해야 한다는 국세청과의 합의는 상당한 세금 절감 효과를 가져왔다.

1956년 런던거래소는 더 많은 임대공간을 지닌 현대식 건물로 재건축을 시행하더라도 경제적으로 자립할 수 있다고 판단했다. 재건축 추진의 마지막 관문은 시장을 계속 운영하기에 충분한 대체 공간을 찾는 일이었다. 우체국 건물 등 쓰레드니들 가 인접 대지 3개 부동산을 매수하는 해결책이 제시됐다. 런던거래소는 1961년 3월 회원들에게 재건축 결정을 공표했다. 하지만, 재건축이 지연되면서 원 건물의 철거 작업은 1966년에 시작했다.

위기의 런던

전자통신기술의 발전에 따라 증권거래의 국제화가 진전되고 있었지만, 런던거래소가 죠버의 기득권 보호를 위해 장내거래 의무와 위탁수수료 징수 규정을 고수했기 때문에 런던의 증권회사들은 당시 호황을 누리던 유로본드와 관련한 사업에 진출할 수 없었다. 유로본드시장은 시장조성자의 호가가 로이터에 연결된 컴퓨터 단말기 화면을 통해 전달되고, 거래는 전화로 이루어져 물리적인 거래장소의 의미가 무의미했다. 그러나, 런던거래소가 부과하고 있는 회원의 장내거래 집중 의무로 인해 런던의 증권회사는 유로본드시장의 참여가 원천적으로 제한됐다.

1962년 런던거래소의 허가를 받아 스펜서 쏜턴 & 컴퍼니가 벨기에 브뤼셀에 최초로 해외 사무소를 설치했다. 이듬해에는 비커스 다 코스타가 룩셈부르크에 사무소를 개설했다. 1967년 카제노브는 미국 샌프란시스코의 퍼시픽코스트증권거래소 회원권을 매입하고, 미국 거래소의 회원권을 보유한 최초의 영국 회사가 됐다. 퍼시픽코스트거래소는 회원 간 위탁수수료 수익의 분할을 허용했기 때문에 런던의 브로커가 미국의 브로커를 통해 처리한 미국 시장 주문에 대해서도 수수료를 받을 수 있었다. 미국에서 가장 빠르게 성장하는 지역에 선제적으로 입지를 구축한다는 전략적 고려도 있었다. 1967년의 파운드화 평가절하를 동인으로 다른 회사들도 재빨리 카제노브의 선구적 움직임을 따라갔다. 조셉 세백과 로위 & 피트먼 등도 퍼시픽코스트거래소의 회원권을 매입했다. W.I. 카는 홍콩증권거래소에 회원으로 가입했다. 제임스 케이플은 시카고 미드웨스트거래소의 회원권을 매입했다.

증권시장의 국제화가 진전될수록 영국 국내의 증권회사들은 업무 상실에 대한 불안감을 떨칠 수 없었다. 브로커와 죠버의 경계도 점점 더 모호해졌다. 일부 증권회사는 런던거래소에 탄원서를 제출하면서 기득권을 지키려 했다.

> "모든 것에 대해 완전한 자유를 원하는 것이 아니라면, 런던의 브로커가 유럽의 주식에 대해 시장조성자가 되는 것이나, 런던거래소가 죠버와 비회원과의 직접 거래를 허용하는 것을 상상할 수 없다. 우리 런던의 독특한 (단일자격) 제도를 많은 외국인이 부러워한다. 기본 원칙을 교란한다면 의심의 여지 없이 우리에게 존재하는 엄청난 기회를 잃을지도 모른다."

이 당시 런던과 마찬가지로 뉴욕증권거래소도 외국인의 회원 가입을 허용하지 않고 있었다. 런던거래소 평의회는 1968년 미국회사인 홀가든 & 컴퍼니의 회원 가입 신청에 긍정적인 태도였지만, 회원 가입 신청서를 심사하면서 재무적으로 우수한 미국회사와의 경쟁이 영국 증권회사에 피해를 줄 수 있다는 이유로 회원 가입은 불허했다.

해외 사업을 수행하는 런던거래소 회원들도 불만이 많았다. 런던거래소 회원이 해외지점을 개설하기 위해서는 런던거래소와 영란은행의 허가를 받아야 했다. 또한, 회원들은 해외에서 사업을 수행하는 동안에도 런던의 규정을 준수해야만 했다. 회원들은 런던거래소가 자신들의 해외 사업 확장을 부당하게 침해하고 있다고 생각했다. 결국, 1973년 2월 런던거래소는 브로커의 해외지점이 미국과 캐나다에서 시장조성자로 활동하고, 죠버도 해외 사무실을 개설할 수 있도록 관련 규정을 개정했다.

포세이돈 버블

1968~70년에 호주에서 발생한 니켈광산 투기는 증권시장의 변동성을 잘 보여주는 사례다. 호주의 작은 광산회사 포세이돈은 증권시장에서 아무도 주목하지 않는 주식이었다. 그런데, 상황은 1969

년 9월 포세이돈의 탐광자 켄 설리가 서호주의 완다라에서 니켈 광산을 발견했다는 소식에 급변하기 시작했다. 포세이돈은 완다라의 황량한 임대지에 약 1,100개의 구멍을 뚫었는데, 이 땅이 3.5%의 니켈을 함유하고 있다고 발표했다. 당시는 베트남 전쟁 기간으로 미국이 강화 합금 무기를 만들기 위해 니켈 수요가 급증하고 있었다. 게다가 주요 니켈 공급사인 캐나다의 인코(Inco) 사에서 노동자 파업이 발생해 전 세계적인 공급 부족으로 니켈 가격도 상승했다.

9월 초 포세이돈 주식은 통상 약 0.80달러(호주달러) 수준에서 거래되고 있었는데, 9월 26일 니켈 발견 소식에 주가가 1.85달러로 급

포세이돈 주가 추이

출처: Three Australian Asset-price Bubbles, John Simon

등했다. 9월 29일에는 5.60달러로 상승하고, 이어 10월 1일에는 12.30달러로 오른 뒤에도 거침없이 계속 상승했다. 런던 증권시장은 지난 몇 달 동안 지루하게 횡보하던 차에 포세이돈의 니켈 광산 발견 소식을 환희에 차서 받아들였다. 많은 투자자가 증권시장에 새로 들어오고 투기 심리가 들불처럼 퍼졌다. 정규시장이 마감된 크리스마스이브 오후에도 런던 시티의 거리와 펍에서는 광란의 투기거래가 이어졌다. 한 증권회사는 포세이돈의 적정 주가를 382달러로 추정하기로 했다.

포세이돈 주식의 가격이 올라 너무 비싸지자, 투자자들은 다른 니켈 관련 주식과 광산회사로 눈을 돌렸다. 이 기회를 이용해 광산을 임대하거나 구체적 사업계획도 없는 신생 광산회사들이 주식을 공모해 상장했다. 투자자들은 계속해서 광산회사에 돈을 쏟아부었다. "대단한 이익이 되는 사업을 수행하는 회사지만, 아무도 그것이 무엇인지는 몰랐던(Company for carrying on an undertaking of great advantage, but nobody to know what it is)" 1720년의 남해회사 버블을 떠올릴 만큼 대단한 투기가 일어났다.

새해가 되면서 어느 정도 이성을 되찾은 투자자들은 실제로는 한 줌의 니켈도 채굴하지 않은 포세이돈의 시가총액이 영국의 대기업보다도 더 크다는 것을 깨닫기 시작했다. 언론은 '냉정하게 생각하면 광산회사가 가진 것은 땅에 뚫은 구멍뿐'이라고 경고했지만, 아무도 신경 쓰지 않았다. 1970년 2월 장중에 포세이돈 주가는 280달러로 최고점에 도달한 뒤 급격히 무너지기 시작했다. 포세이돈이 실제로 니켈 채광을 시작했을 때는 니켈 가격이 하락하고 있었다. 설상가상으로 포세이돈의 니켈 광석은 저등급이어서 제련비용도 많이 들었다. 포세이돈은 결국 수익을 내는 데 실패하고, 1974년에는 파산관재인의 관리에 들어갔다. 포세이돈 주식 투기를 통해 큰돈을 번 투자자도 많지 않은 것으로 알려져 있다. 특히, 영국의 투자자는 당시 단기자본이득 양도세율이 94.25%에 달했기 때문에 주가 상승에도 불구하고 사실상 주식을 매도하지 못하고 계속 보유하고 있어야만 했다. 주가 상승의 기쁨도 실제로는 한순간의 일장춘몽의 미실현이익일 뿐이었다.

적대적 기업 인수

영국에서 최초의 적대적 기업 인수는 1953년에 찰스 클로어가 J. 시어즈 & 컴퍼니라는 신발 체인점을 인수한 것이라고 알려져 있다. 클로어는 J. 시어즈 & 컴퍼니가 꾸준한 수익에도 불구하고 3:1의 주가수익비율(PER)로 저평가돼 있고, 경영진도 주주 가치를 올리지 못하고 있다고 봤다. 직전 시장가의 거의 2배에 해당하는 금액으로 J. 시어즈 & 컴퍼니를 인수한 뒤 클로어는 곧바로 회사 소유 부동산을 매각해 약 450만 파운드를 실현했다. 하지만 당시 노동당은 클로어를 노회한 자본가로 여기고 그의 기업 인수를 곱게 보지 않았다. 이러한 적대적 기업 인수가 노동당이 혐오하던 기업의 고배당 정책으로 확대될 수 있다고 생각했기 때문이다.

하지만, 1960년대에 접어들면서는 제임스(짐) 데릭 슬레이터라는 기업 사냥꾼이 등장해 주식시장이 가진 엄청난 힘을 과시하면서 영국 회사를 공포에 떨게 했다. 슬레이터는 회계사로 사회생활을 시작해 병원 요양 기간에 과거 투자 잡지를 모조리 읽으면서 주식투자 공부를 했다. 『선데이 텔레그래프』의 편집장이었던 친구 나이젤 로손(후에 대처 정부에서 재무장관을 역임)을 설득해 '자본가'라는 가명으로 성공적인 주식 선택 방법에 관한 칼럼을 쓰기도 했다. 1963년부터 2년간 그의 가상의 포트폴리오는 68.9%의 수익률을 기록했는데, 당시 런던 증권시장의 평균 수익률이 3.6%였던 것을 고려하면 놀랄 만큼 높은 수익률이다.

슬레이터는 1992년 출간된 『줄루의 투자원칙(The Zulu Principle)』이라는 투자 안내서의 저자로도 유명하다. 줄루의 투자원칙은 1882년 재래식 무기인 창만 든 아프리카의 줄루족이 최신식 총과 대포로 무장한 영국군의 한쪽 부분만을 집중적으로 공격해 전열을 무너뜨리고 승리한 전술에서 유래했다. 선택과 집중을 통해 투자자가 자신의 역량을 가장 잘 발휘할 수 있는 투자 분야나 스타일을 선택해 체계화하고, 이를 갈고 닦는 것에 집중하라는 투자원칙이다. 슬레이터는 특히 개인투자자에게는 소형성장주 투자를 권했다. 대형주는 달성하기 쉽지 않지만, 소형주는 쉽게 2배 이상 상승할 수 있다는 '코끼리는 질주하지 않는다(Elephants don't gallop)'라는 명언도 유명하다.

슬레이터는 1964년 보수당 하원의원 피터 워커와 함께 H 로터리 & 컴퍼니를 150만 파운드에 인수해 슬레이터 워커 증권으로 사명을 변경하고, 본격적으로 기업 사냥꾼으로서의 면모를 드러냈다. 슬레이터 워커 증권은 증권시장에서 자산 가치보다 낮게 거래되는 회사를 선택해 주식을 매입하고 지배력을 획득했다. 이후 회사의 부동산이나 실적이 저조한 분야의 자산을 분할해 비싼 가격에 매각하는 방법으로 주식 매입금액을 보전하고도 높은 수익을 올릴 수 있었다. 한때 재정적으로 위기에 처한 회사를 헐값에 사서 수익이 되는 대로 자산을 팔아 치우는 이러한 기업 사냥꾼의 자산 수탈 행위는 산업의 효율화를 위한 방법으로 받아들여졌다. 슬레이터는 "기업이 수탈당할 자산을 가지고 있다면 이는 자산을 적절하게 사용하지 못하고 있다는 의미다"라고 언급하고는 했다. 영국 보수당 정부도 산업구조 조정에 관해 슬레이터의 조언을 구하기도 했다.

자산 수탈 행위는 1960년대 후반의 증권시장 강세에 크게 이바지했지만, 일부 런던거래소 회원과 증권회사는 이를 조금 다른 시각에서 바라봤다. 증권시장이 점점 더 음산하고 살벌한 장소가 돼가고 있다고 느꼈기 때문이다. 하지만, 화무십일홍이라 했던가? 결국, 슬레이터 워커 증권도 1973~75년 중소금융기관 위기(secondary bank crisis) 와중에 부채의 차환에 실패하면서 영란은행의 구제금융을 받아야만 했다. 이 사건으로 인해 짐 슬레이터는 슬레이터 워커 증권에서 사임했다.

적대적 기업 인수에 관한 불안감이 확산하자 1967년 런던거래소와 영란은행은 증권 발행업무를 주로 하는 머천트뱅크로 구성된 발행상사협회에 기업 인수에 관한 기준의 검토를 요청해 「기업 결합과 합병에 관한 규칙」을 발표했다. 1968년에는 런던거래소와 영란은행이 참여하는 인수합병전문위원회를 출범했다. 전문위원회는 처음에 영란은행의 조금만 사무실에 자리 잡고 있다가 나중에 런던거래소의 널찍한 사무실로 이전했다. 1969년에는 더욱더 새롭고 강력한 「기업 인수 규칙」을 발표했다. 이를 위반해 기소된 회원은 인수합병전문위원회의 위원장을 맡고 있던 쇼크로스와 국장이었던 워버그의 이안 프레이저 앞에 바로 소환됐다. 이를 통해 증권회사 자율규제 시스템의 효과를 의심하던 외부의 우려를 완화할 수 있었다.

런던거래소의 변화

1966년의 옛 런던거래소 건물의 해체 작업은 수개월이 걸렸다. 불편함이 컸었지만, 많은 회원이 옛 건물을 떠나는 것이 마치 고향을 떠나는 것 같다며 매우 애석해했다고 한다. 1967년 1월, 건물의 신축작업을 개시해 1967년 11월 14일 엘리자베스 2세 여왕이 건물 주춧돌을 놓았다. 1972년 11월 8일, 새 건물의 개관식에는 엘리자베스 2세 여왕도 직접 참석했다. 1960~70년대 런던의 타워 밀집지에 자리 잡은 26층의 런던거래소 건물은 런던 시티의 새로운 랜드마크가 됐다.

런던거래소 회원사는 자산 운용 규모가 커진 기관투자자의 요구에 부응해 합병을 통해 덩치를 키웠다. 1967년 신(新) 회사법에 따라 회원사가 20명 이상의 파트너를 둘 수 있게 되자 런던거래소 평의회는 회원의 파트너 수 제한을 없애기로 했다. 이때부터 본격적으로 증권회사의 규모가 대형화되기 시작했다. 1969년 웨드 듀라커와 세퍼드 & 체이스는 각각 30명의 파트너를 둘 정도로 대형 증권회사가 됐다. 하지만, 증권회사의 모든 파트너는 런던거래소 회원이어야 하고, 회원은 겸업이 허용되지 않으며, 다른 어느 곳에도 무한책임을 져서는 안 된다는 규정은 유지됐다. 1966년 외부인이 증권회사 자본금의 1/3까지 출자할 수 있도록 허용한 유한책임사원 제도를 도입했지만 그다지 성공적이지는 못했다. 은행, 보험사 및 여타 금융기관은 증권회사에 출자할 수 없었기 때문이다. 마침내, 1969년 런던거래소 평의회는 브로커와 죠버가 주식회사로 전환하는 것도 허용했다. 이전까지 증권회사는 무한책임회사로 운영되어야만 했었다.

법인주주도 허용하기로 했다. 하지만, 상근 이사에게는 여전히 무한 책임을 부과했다. 이런 변화에도 불구하고 죠버가 자기매매를 통해 수익을 내기는 점점 어려워졌다. 이 때문에 1960년에 회원 중 죠버 비중이 20%에 달했으나, 1970년이 되어서는 13%로 줄어들었다.

1970년 2월 런던거래소는 폐쇄회로 텔레비전 기술을 사용한 컴퓨터 기반의 시장가격 표출 서비스 MPDS(Market Price Display Service)를 도입했다. 브로커가 버튼을 누르면 디스플레이 화면을 통해 주요 종목의 업데이트 가격을 확인할 수 있어 인기가 높았다. 런던거래소가 도입한 최초의 실시간 컴퓨터 시스템이었다. 회원에게는 기본 구독료 500파운드와 개별 디스플레이 기기별로 50파운드를 부과했다. 비회원에게는 1,000파운드의 연간 구독료를 부과했다. 현재의 증권거래소 정보분배 시스템의 전신이라 할 수 있다. 증권회사뿐만이 아니라 투자자도 스마트폰 MTS로 시세를 실시간으로 확인하고 바로 주문을 제출하는 현재의 기준으로는 매우 초보적인 기술이었지만, 당시만 해도 런던의 MPDS는 정말 혁신적인 시스템이었다.

1974년에는 증권의 보관 및 계좌 대체 시스템인 Talisman(Transfer Accounting and Lodgement for Investors, Stock Management for jobbers)도 구축했다. Talisman은 시장을 통해 거래되는 모든 주식을 집중시켜 보관하는 '세폰'이라는 예탁 기능을 설치하고 결제과정을 자동화했다. 이를 통해 거의 100년 이상 운영해 온 실물증권 기반의 결제 시스템을 없애고, 계좌 대체에 의한 시스템으로 결제업무 전반에 일대 혁신을 일으켰다. Talisman은 런던거래소의 회원뿐만이 아니라 전국의 모든 증권업자가 이용할 수 있었다. 이러한 계좌 대체의 방법으로 증권을 결제하기 위해 런던거래소는 관련 법령 및 규정을 정비하고 운영인력도 증원했다. Talisman은 맥킨지의 컨설팅을 받아 구축했는데, 처음 예상했던 것보다 기하급수적으로 늘어나는 개발비용 때문에 개발과정에서 상당한 회원들의 반대에 부딪혔다. 하지만, 증권시장의 전산화는 막을 수 없는 흐름이었다. 1979년 Talisman을 가동하고, 이후 Talisman은 1996년 영란은행에 증권 결제업무를 이관할 때까지 잘 운영됐다.

1970년 에드워드 히스의 보수당 정부는 전임 정부보다 증권시장에 대해 적대적이지는 않았지만, 증권시장의 일부 경쟁 제한적인 거래 관행은 변화가 필요하다고 생각했다. 1971년, 독점합병위원회는 런던거래소의 광고 제한과 위탁수수료에 관한 문제를 제기했다. 런던거래소 평의회는 회원 광고 제한에 관한 문제를 표결에 부쳤다. 내심으로는 광고 제한으로 문제를 축소해 정부의 관심이 위탁수수료에 관한 사항으로 확대되는 것을 막으려는 본심이 깔려 있었다. 소형 증권회사는 회원의 광고 제한 폐지를 반대했다. 대형 증권회사와의 경쟁을 감당할 자신이 없었기 때문이다. 하지만, 결국, 1973년 말 증권회사의 언론 광고를 허용했다. 1976년에는 텔레비전 광고와 우편 광고도 허용했다. 독점합병위원회는 여성과 외국인에 대한 회원 가입도 권고했다. 외국인 회원 가입을 금지한 제1차 세계대전 당시에는 독일인이 우려의 대상이었지만, 이제는 미국인에게 런던 증권시장에 대한 주도권을 뺏길 것을 우려했다. 많은 회원이 이에 동의했지만, 결국 1971년 외국인 가입금지 규정도 폐지됐다.

1971년 『타임스』는 런던거래소의 여성회원 가입거부를 구시대적인 작태라고 비난했다. 하지만, 런던거래소를 남성의 사설 클럽으로 여기던 일부 회원에게는 런던거래소의 여성회원이라는 것은 생각할 수조차 없는 일이었다. 한 회원은 여성회원 가입금지가 회원들의 기대와 과거 경험을 구체화한 것이라면서 회원공동체인 런던거래소는 본질에서 남성의 사설 클럽이지 영리 사업체가 아니므로 계속 그렇게 남아 있어야 한다고 주장했다. 런던거래소는 곧바로 자신을 남성의 사설 클럽으로 간주한다는 것은 전혀 사실이 아니고, 존재 이유에 무관하게 런던거래소는 공공적 서비스를 수행하고 있다고 논박했다. 여성회원 문제는 1973년 3월 런던거래소가 11개 지방거래소와 합병하면서 자연스럽게 해결됐다. 지방거래소에는 이미 13명의 여성회원이 존재하고 있었기 때문이다. 이로써 더는 여성의 회원 가입을 금지할 명분이 사라졌다. 결국, 런던거래소는 1973년 3월부터 여성회원 가입 신청을 받았다. 그간 두 번이나 회원 가입에 실패했던 뮤리엘 우드는 최초의 여성회원이 됐다. 곧이어 여성 직원의 객장 근무도 허용했다.

런던거래소 평의회는 의장 1명과 부의장 2명이 이끌었다. 관행적으로 부의장 중 1명은 브로커가, 다른 1명은 죠버가 맡았다. 의장단, 상근 사무장과 평의회 사무국장으로 구성된 집행위원회는 정관상 제한적인 권한만이 부여됐지만, 실질적으로 이들이 런던거래소 운영과 관련한 사항을 결정했다. 1972년 런던거래소에는 약 900명의 내부 직원이 근무하고, 연간 수익도 500만 파운드에 육박하며, 자산도 1,600만 파운드에 달했다. 하지만, 런던거래소 평의회는 비상근에다 다소 아마추어적인 기구였다. 런던거래소 운영과 관련해 평의회의 위원에게 부과되는 개인적 부담도 너무 컸다. 1972년 11월 런던거래소는 평의회가 최종적인 권한은 가지고 기본적인 정책 결정을 담당하되, 별도로 선임한 전문경영인이 거래소의 인사, 재무 및 자산 관리에 관해 직접적인 책임을 부여하는 조직 개편안을 채택했다. 전문경영인은 평의회 의장에게 직접 업무를 보고하고, 각 부서의 간부를 관리하도록 했다.

1974년 10월 통상산업부 수출신용보증국에 근무한 로버트 펠이 런던거래소 최초의 전문경영인인 최고집행임원(Chief Executive)으로 선임됐다. 펠은 최근 통합된 여러 지방 지부(옛 지방거래소)를 방문해 런던과의 연계를 공고히 하고, 런던거래소 평의회와 정부 내각의 장관들과의 관계 구축에 공을 들였다. 자신의 업무는 스스로 알아서 처리하고, 외부 세계와는 불가피한 경우가 아니라면 관계를 맺지 않던 런던거래소에는 새로운 접근이었다.

런던 증권시장의 위기

1969년 미국에서는 컴퓨터 기반 증권거래 시스템인 인스티넷 (Instinet)이 출현했다. 영국에서도 이에 상응하는 전자 증권거래 시스템이 출현할 것이라는 루머가 돌았다. 1972년 8월 머천트뱅크 중심의 인수상사위원회가 자동화 실시간 투자 거래소 Ariel(Automated Real-time Investments Exchange Limited) 출범을 준비하고 있다고 발표했다. 런던거래소 회원 증권회사들의 근심이 깊어졌다. Ariel은 법인회원 가입을 허용하고, 익명성도 보장하도록 할 계획이었다. 런던거래소는 이 경쟁 위협에 불안해하면서 위탁수수료율 인하를 발표했지만, Ariel의 수수료율은 여전히 매우 낮우 수준이었다. 런던거래소는 한순간 Ariel 인수도 고려했으나 협상 과정에서 결렬됐다. 런던거래소는 Ariel과의 경쟁에 대처하기 위해 컴퓨터 시세 정보 텔레텍스트 출력 시스템 TOPIC(Teletext Output of Price Information by Computer) 개발에 착수했다.

하지만, 막상 뚜껑을 열자, Ariel은 사업 추진 시 예상했던 시장 점유율을 확보하지 못했다. Ariel이 운영을 개시한 1974년 2월 증권 시장의 급격한 침체가 원인이었다. 1974년 모든 증권회사는 그 규모에 상관없이 매우 어려운 처지였다. 기관투자자의 거래가 감소하고, 개인투자자도 투자를 완전히 중단했다. 증권회사의 수익성이 떨어지고, 파트너들은 회사 운영비용 감당을 위해 개인 자본을 추가로 출연해야 했다. 고객의 파산으로 인해 회원사의 무한책임에 대한 공포가 커지기도 했다. 많은 증권회사가 합병을 단행하고, 일부는 런던거래소에서 제명됐다. 런던거래소는 신속하게 대응했다. 1975년 단독거래자(sole trader)를 금지하고, 법인회원은 20만 파운드의 최소 증거금을 유지하도록 했다. 자연스럽게 회원 수와 구성도 변했다. 브로커의 숫자는 1973년 168개사에서 1975년에는 129개사로 줄었다. 같은 기간 죠버의 수도 31개사에서 16개사로 크게 줄어들었다.

1974년 증권시장은 정말 심각한 위기에 직면해 있었다. 전 세계 주식시장은 1972년 정점을 찍고, 이후 2년간의 약세장에 돌입했다. 이 기간에 파운드화 폭락, 이집트-이스라엘 전쟁, 유가 상승, 인플레이션 급등, 부동산 가격 폭락 등이 일어났다. 부동산 가격 폭락으로 런던 시티 내 소규모 금융기관이 도산하고, 이로 인해 중소규모의 은행이 연쇄도산 하는 중소금융기관 위기가 이어졌다. 광부들의 노동쟁의와 1973년 말 오일쇼크로 도입한 주3일 근무제는 결국 주식시장을 폭락시켰다. FT 지수는 200포인트 아래로 곤두박질쳤다. 1974년 말에는 상황이 정말로 암울했다. 증권회사 직원은 과잉인력 상태였다. 많은 증권회사가 사업을 접고 시장을 떠날지를 고민했다. 회원들이 모여 찬송가를 부르는 것과 같이 전통적인 크리스마스 행사는 여느 때처럼 런던거래소에서 열렸지만, 회원들의 마음은 증권시장에 남아 있지 않았다.

1974년 12월 31일 전해진 버마오일의 몰락은 새해 첫 거래일에도 주가 하락을 촉발했다. 다행히 푸르덴셜 등 일부 대형 기관투자자가 적극적인 주식 매수 프로그램을 시행한 덕에 증권시장은 신뢰를 회복해 1월 둘째 주부터는 빠르게 시황이 개선되고 봄까지 강세장이 이어질 수 있었다. 런던거래소는 1978년 4월 주식옵션거래를 개시했다. 처음에는 주요 10개 상장기업 주식을 대상으로 했다. 하지만, 선물시장 개설에는 큰 관심을 보이지 않았다. 1970년대 후반부터 그 설립이 논의되던 런던국제금융선물옵션거래소(London International Financial Futures and Options Exchange)의 설립에 대해서도 대체로 무관심했다. 런던국제금융선물옵션거래소는 1982년 9월 30일 영업을 개시했다.

빅뱅

1975년 5월 뉴욕증권거래소는 규제 완화를 단행했다. 뉴욕의 최저 위탁수수료율 폐지는 대형 투자은행을 출현시켰는데, 미국의 투자은행들은 사업기회 포착을 위해 런던을 주의 깊게 주시하고 있었다. 런던 증권시장은 1970년대 중반부터 심각한 위기에 처해 있었다. 1979년 외환 통제 폐지 뒤에는 위기감이 더욱 높아졌다. 글로벌 자본시장이 자유화돼 영국 투자자들이 해외시장에 자유롭게 투자할 수 있게 되면서 외국 증권회사가 영국 증권회사에 심각한 경쟁상대로 떠올랐다. 그간 런던이 주도했던 남아프리카 금광 등 많은 해외증권도 런던을 거치지 않게 됐다. 런던의 증권회사는 런던거래소의 규정에 따라 해외 사업에 제약을 받고 있었기 때문에 국제적으로 경쟁력을 확보하기도 어려운 상황이었다.

런던의 규제체계에도 균열이 발생하고 있었다. 최저 위탁수수료율 제도는 겉으로는 잘 유지되는 듯 보였지만, 실제로는 기관 고객에게 제공하는 무상 리서치 자료와 같은 이른바 소프트 달러(soft dollar)에 의해 잠식되고 있었다. 투자자 보호를 위해 시행한 1909년의 브로커와 죠버 자격을 분리한 단일자격 제도조차도 '풋 쓰루(put through)'에 따라 희석돼 버렸다. 풋 쓰루란 죠버가 자금력 부족으로 브로커의 대량매매 주문을 수용할 수 없게 되자 브로커가 직접 매매 쌍방을 탐색해 런던거래소에서 죠버의 형식적 승인 아래 시장가격을 기초로 쌍방향으로 매매를 체결시키는 것을 말한다. 참고로 우리나라의 신고대량매매 제도와 유사하나, 런던시장은 특유의 죠버가 중간에 개입했다는 점에서 차이가 있다. 미국과 비교해 런던 증권시장은 경쟁력이 너무 낮았다. 풋 쓰루에 의해 죠버의 시장조성 능력이 축소되자 죠버를 대신할 매매제도를 강구해야 한다는 주장이 대두됐다. 대책을 마련하지 않는다면 런던이 글로벌 경쟁에서 도태될 것은 자명했다.

런던거래소는 1970년대 후반부터 1980년대 초까지 이 문제에 관해 많은 논쟁을 벌였다. 머천트뱅크와 기관투자자는 런던의 증권거래 수수료가 너무 높다고 여겼다. 반면 증권회사는 이를 전혀 불합리하다고 여기지 않았다. 독점적 지위를 누리던 국채 브로커는 거래 조건에 대한 협상을 원하지 않았다. 증권시장의 환경 변화에도 불구하고 변화에 대한 런던 증권시장의 저항은 극심했다. 1970년대는 외환 통제로 인해 글로벌 비즈니스가 초기 수준에 머물렀기 때문에 대다수 런던거래소의 회원, 특히 소형 증권회사는 규제 완화로 인해 외국 증권회사와 직접적인 경쟁에 직면하는 것을 크게 두려워했다. 하지만, 런던거래소 평의회의 구디슨 의장은 규제 완화를 강력하게 찬성하는 쪽이었다.

1978년에 고든 보리 공정거래청장은 런던거래소의 설립 약정서, 규정, 통지문과 거래 규칙 등이 공공의 이익에 반한다는 이유로 '경쟁 제한 거래 관행 재판소'에 제소할 계획이라고 발표했다. 예전에는 상품 제조업체에만 적용되던 「경쟁 제한 거래 관행 규제법(Restric- tive Trade Practices Act)」을 서비스 산업까지 확대한 것이다. 사실 런던거래소는 법률의 효력이 발효되기 3개월 전에 적용 면제를 신청하는 것이 가능했었다. 법조계, 의료계 및 로이드 등의 기관은 해당 법률 적용의 면제를 신청했다. 하지만, 런던거래소는 자신이 단지 시장에 불과하므로 해당 법률의 적용을 받지 않을 것으로 생각해 적용 면제를 신청하지 않았다. 이유가 무엇이든지 간에 일단 새로운 법률이 발효되자 증권시장의 운명은 풍전등화와 같은 처지에 빠졌다. 런던거래소는 대응위원회를 구성해 증권시장 방어에 들어갔다. 최저 위탁수수료율, 외국인 회원 가입금지와 브로커의 자기매매를 금지한 단일자격 규정이 주요 경쟁 제한적인 거래 관행으로 지목됐다. 공정거래청이 특정 문제가 아니라 증권시장 규정 전체에 대해 경쟁 제한 여부를 검토해야 한다고 주장한 점도 큰 문제였다.

1979년의 선거가 끝난 뒤 런던거래소의 구디슨 의장은 전임 머천트뱅커였던 존 노트 신임 통상산업부 장관에게 제소를 중지하고, 다른 방식으로 문제를 해결하자고 요청했다. 구디슨은 런던거래소 제소가 완전히 잘못된 접근방식이라고 믿었다. 런던거래소의 입장과 다른 판결이 나온다면 런던거래소의 규정이 사라지게 되지만, 법률은 이에 대한 대안이 부재하기 때문에 결국 증권시장이 완전히 혼란스럽고 무질서한 상태가 될 것으로 생각했다. 하지만, 보수당 정부는 증권시장에 우호적인 것처럼 비치는 것을 원치 않았다. 존 노트는 구디슨의 호소를 거절했다. 증권회사에서 일했던 존 비펜이 후임 산업통상부 장관이 돼서도 마찬가지였다. 단지 런던거래소에 불리한 판결이 나오더라도 집행을 9개월간 유예한다는 양보만을 가까스로 얻었을 뿐이었다.

영국 산업계의 자금 조달 방식과 연기금의 영향력 조사를 위해 구성된 윌슨위원회는 1980년 보고서를 발표했다. 전반적인 논조는 증권시장에 우호적이었다. 증권시장에 관한 문제를 해결하기에 경쟁 제한 거래 관행 재판소가 적절한 기구인지에 대해서도 의구심을 표명했다. 하지만, 정부는 이에 동의하지 않았다. 하원에서 열린 토론에서 재무부의 나이젤 로슨은 어려움에 공감하지만, 이제 와 항로를 변경하는 것은 훨씬 더 오랜 시간이 걸리고, 증권시장을 어렵게 하는 불확실성만 연장하게 될 것이라고 답변했다.

파킨슨-구디슨 합의서

1983년에 돌파구가 마련됐다. 신임 통상산업부 장관 세실 파킨슨은 진정으로 증권시장의 개혁을 원했다. 파킨슨은 다우닝 가 11번지 재무장관 관저에서 신임 재무장관과 영란은행 총재를 만났다. 영란은행 총재 리처드슨은 곧 있을 은퇴 이전에 사건의 진전을 원했다. 재무장관 나이젤 로슨도 같은 입장이었다. 런던거래소 사건을 심리할 재판부는 정부가 하원에서 관련 입법을 도입하겠다는 성명을 발표하지 않는다면 앞으로 재판의 중단은 없다고 밝혔다. 시간과의 긴박한 싸움이 시작됐다. 파킨슨과 구디슨은 단둘만의 비밀 회합을 열었다. 파킨슨은 구디슨에게 정부의 제소 중단의 조건으로 대안을 요구했다. 구디슨은 증권시장이 자발적으로 1986년 말까지 최저 위탁수수료율을 단계적으로 폐지하고, 영란은행의 승인을 받는 비회원의 런던거래소 평의회 참여권을 부여하는 등의 대안을 제안했다. 브로커와 죠버의 자격 분리에 관한 문제도 제기했다. 런던거래소는 브로커와 죠버의 이중자격 금지가 강력한 소비자 보호장치라는 면에서 애착을 보였다. 또한, 영란은행도 당시에는 단일자격을 선호하는 편이었다.

증권시장에서는 파킨슨과 구디슨의 회합 뒤 거의 한 달 동안 엄격한 비밀유지 조건 아래에서 토론이 이어졌다. 하지만, 런던거래소 평의회에 참여하지 못한 회원사는 파킨슨과 구디슨의 회합을 인지하지 못하고 있었다. 평의회가 회원 모두에게 만족스러운 결론을 끌어낼 수 있을지도 의구심을 품었다. 런던거래소 평의회는 기득권을 가진 40여 명 남짓의 회원으로 구성돼 있었는데, 보통 평의회에는 소형사의 시니어 파트너가 참여하고 있었다. 대형사의 파트너급은 너무 몸값이 비싸고 바빠서 평의회의 운영에는 참여하지 않았기 때문이다. 결국, 참가자를 대형사까지 확대해 회의를 개최했다. 여기에서 처음으로 증권시장을 주도하는 대형사들의 견해가 드러났다. 이들은 단일자격 제도 폐지와 이중자격 제도 도입에 찬성했다. 단일자격 제도가 폐지되면 브로커는 매수/매도 주문을 가능한 한 자신의 회사 내에서 체결시킬 것이다. 만일 전량 체결이 곤란하다면 브로커는 자기계정에서 잉여분을 가져오거나 공매도를 실행할 것이다. 브로커가 자기계정에서 증권의 거래를 체결시킨다면, 죠버도 일반투자자와의 직접 거래를 허용할 수밖에는 없다. 결국, 이중자격 제도를 도입할 수밖에 없다.

런던거래소는 특별 회원총회를 개최했다. 구디슨 의장은 증권시장이 "위험을 선택해야만 한다"라고 주장했다. 정부가 제소를 취하하는 것은 작은 위험을 수반하지만, 이로 인해 런던거래소와 회원들은 앞으로 미지의 영역을 항해하는 것과 같은 큰 위험을 감수해야 한다고 언급했다. 길고 솔직한 논의가 이어졌다. 회원들은 현재 증권시장의 미래 발전전략과 관련한 업무가 동결되고, 정부의 제소에 대응해 불필요한 시간, 돈, 자원이 소모되고 있다는 점을 지적했다. 회원들은 파킨슨-구디슨 합의서 수용 의사를 의장이 정부에 전달한다는 결의안을 만장일치로 통과시켰다.

『타임스』는 외부로 유출된 정보를 근거로 해 파킨슨-구디슨 합의서에 대해 비판적인 기사를 보도했다. 정부는 내각의 거의 모든 부처가 참여해 합의서의 초안을 수정했다. 파킨슨-구디슨 합의서의 주된 내용은 다음과 같다. 첫째, 1986년 말까지 최저 위탁수수료율 제도를 폐지한다. 둘째, 런던거래소 평의회에 비회원 공익대표를 참여시킨다. 셋째, 비회원이 회원사의 이사가 되는 것을 허용한다. 넷째, 회원 가입 신청이 거부된 자를 위해 공익대표가 과반수를 차지하는 재심위원회를 설치한다. 10월 11일 런던거래소 특별 회원총회에서는 정부의 제소 중단을 조건으로 한 평의회의 결정을 압도적으로 지지했다. 정부는 법률을 개정해 런던거래소를 경쟁 제한 거래 관행 규제법의 적용 대상에서 제외했다.

새로운 증권시장

런던거래소는 파킨슨-구디슨 합의서에 따라 1986년까지 새로운 증권시장의 운영 방법을 마련해야 했다. 신기술을 이용한 거래 시스템과 결제 시스템도 도입해야 했다. 단일자격 제도를 폐지하면서 새로운 형태의 투자자 보호장치도 필요했다. 이제 증권회사들은 편안하게 징수하던 고정수수료 대신 협상에 기반한 수수료라는 불확실성에 대처해야 했다. 1983년 9월 런던거래소는 회원사와 최저 위탁수수료율 폐지 방식에 대해 의견을 나눴다. 최저 위탁수수료율 제도를 폐지할 수 있는 유일한 방법은 일거에 모든 것을 바꾸는 이른바 빅뱅(Big Bang)을 통해서라는 것이 분명해졌다. 단계적 접근방식은 시장의 불안정을 초래할 위험이 컸다. 영국에서 빅뱅이라는 용어는 영란은행 주식시장 담당 임원 데이비드 워커의 부관인 더글라스 도킨스가 최초로 사용했다고 알려져 있다. 한편, 1975년 5월 1일 미국이 최저 위탁수수료율 제도를 폐지했을 때 사용한 것에서 온 것이라는 설도 있다.

증권시장은 브로커와 죠버로 운영하던 기존의 매매제도 폐지에 따라 새로운 매매제도가 필요해졌다. 런던거래소는 미국 나스닥 모델에 기반한 경쟁적 시장조성자 제도를 도입했다. 이제 모든 증권회사는 고객의 주문을 중개할 뿐 아니라 고유계정을 통해 자기매매도 할 수 있는 브로커-딜러가 됐다. 스페셜리스트가 거래를 체결시키고, 때때로 자신의 계좌를 통해 거래에 개입하는 뉴욕증권거래소의 제도보다 스크린 매매 기반의 나스닥 제도를 런던 증권시장은 선호했다. 전산화도 가속했다. 예전에는 해당 종목을 취급하는 몇몇 죠버만이 호가를 제시했지만, 이제는 전자화면을 통해 훨씬 많은 수의 시장조성자가 경쟁적으로 호가를 제시하게 됐다. 호가 정보는 증권거래소 자동 호가 시스템 SEAQ(Stock Exchange Automated Quotation system)를 통해 제공했다. 해외증권 거래를 위해 별도로 SEAQ International도 도입했다. 호가 정보 시스템 SEAQ, 시세 정보 시스템 TOPIC, 결제 시스템 Talisman은 삼위일체가 돼 런던거래소 전자거래 시스템의 중추를 이루었다.

1970년대 국채업무와 관련해 정부가 부담해야 하는 비용은 상당히 높은 편이었는데, 대처 정부는 이 비용을 줄이기로 했다. 영란은행은 국채 죠버 애크로이드 & 스미더스와 웨드 듀라커 모돈트 2개사가 주도하면서 질서 있게 운영되는 기존 국채시장의 장점에 대해서는 높이 평가하면서도 실물증권에 기반한 국채시장 결제제도의 취약점을 매우 우려했다. 1984년 초반까지만 해도 중앙 국채 사무국 CGO(Central Gilts Office) 제도가 잘 작동했다. CGO는 영란은행과 런던거래소가 공동으로 개발한 국채 계좌 대체 시스템 BET(Book Entry Transfer)에 기반을 두고 있었다. 영란은행은 BET를 런던거래소 비회원에게도 개방해야 한다는 입장이었다. 런던거래소도 동의는 했지만, CGO는 본래 브로커와 죠버의 자격을 분리한 단일자격 제도 시장을 위해 설계됐기 때문에 시스템의 변화가 필요했다. 영란은행은 미국식 모델에 기반해 완전히 새로운 국채시장 구조를 설계했다. 국채 죠버 2개사를 대체하는 국채전문딜러(Primary Dealer) 제도를 도입하는 것이었다. 국채전문딜러는 국채시장에서 시장조성업무를 수행하지만, 죠버와는 달리 고객과의 직접 거래도 가능했다. 영란은행은 30개사가 넘는 신청자 중에서 국채전문딜러

27개사를 선정했다. 딜러 간 브로커(Inter-Dealer Broker) 제도도 도입했다. 시장조성자인 국채전문딜러가 서로 간에 익명으로 거래하고, 고객과의 거래에서 축적된 재고를 해소할 수 있는 메커니즘을 제공하기 위해서였다.

1982년 10월 나이젤 알트하우스가 정부브로커인 멀린스 & 컴퍼니의 시니어 파트너로 새롭게 취임했다. 그는 조부와 부친을 포함해 3대가 런던 시티에서 일해 온 명문 증권가 출신이었다. 특히 부친 프레드릭 알트하우스는 런던거래소 부의장이자 국제증권거래소연맹의 의장을 역임했다. 하지만 시대는 국채시장의 변화가 불가피하고, 정부브로커와 국채 죠버라는 이중적 지위를 지닌 증권회사가 존속하기는 점점 더 어려워지는 상황이었다. 나이젤 알트하우스는 파트너인 케네스 힐과 함께 영란은행에 직접 합류했다. 이로 인해 마침내 영란은행과 멀린스의 오랜 밀월 관계도 1986년 3월 21일 종지부를 찍었다. 1786년 7월 국채감축위원회가 벤저민 콜을 브로커로 선임한 이래 200년이 넘는 기간 정부의 국채거래를 대행했던 유서 깊은 정부브로커는 사라지고, 이제 영란은행이 시장에서 직접 국채를 거래하게 됐다.

증권회사 인수합병

1969년 이후 증권회사에 대한 외부인의 지분보유는 단일 투자자에 한해 10%까지 허용됐지만, 지분율이 너무 낮아 큰 관심을 끌지 못했다. 게다가, 런던거래소는 은행 등 다른 금융기관이 증권회사에 대한 지분투자를 통해 증권시장에 교두보를 마련하는 것과 단일자격 제도를 저해하는 그 어떤 것도 받아들이려 하지 않았다. 하지만, 증권회사는 사업 확장은커녕 인건비, 시스템 비용 등 운영비를 걱정해야 하는 형편이었다. 또한, 기관투자자를 중심으로 대규모 거래가 빈번히 일어났지만, 이를 감당하기에는 증권회사의 자본금도 위험할 정도로 낮은 수준이었다. 결국, 런던거래소는 1982년 외부인의 회원사 지분보유 한도를 29.9%로 상향했다. 곧바로, 미국의 시큐리티 퍼시픽 은행이 영국의 증권회사 호어 고베트의 지분 29.9%를 취득했다.

1983년 7월, 런던에서 최저 위탁수수료율과 단일자격 제도가 폐지될 것이 분명해지자 글로벌 증권회사들은 경쟁적으로 영국 증권회사의 지분을 매입하기 시작했다. 마침내 외국 증권회사에 폐쇄돼 있던 런던 증권시장이 열린 것이다. 런던의 증권회사도 본격적인 글로벌 경쟁에 대처하기 위해서는 자신들의 자본력이 충분하지 못하다는 것을 깨달았다. 자본과 노하우를 가진 런던의 증권회사 간에 합병을 통해 몸집을 키울 필요가 높아졌다. 1984년 런던거래소는 외부인의 회원사 지분보유 한도를 폐지했다.

재무부와 영란은행은 영국계 대형 금융 그룹의 출현을 원했다. 영란은행이 주요 증권회사와 의견을 교환하면서 마중물 역할을 담당했다. 그 수가 얼마 남지 않은 죠버가 인수합병의 주된 대상이었다. 1983년 최초의 인수합병이 이루어졌다. 머천트뱅크 S.G. 워버그의 머큐리증권이 당시 영국 최대의 죠버회사 애크로이드 & 스미더스를 인수하고, 이어서 멀린스와 로위 & 피트먼과 합병해 S.G.워버그 그룹으로 변신했다. 1984년 3월에는 바클레이즈가 드 조에티 & 비밴과 모돈트를 인수하고, 자체 머천트뱅크 부문과 결합해 바클레이즈 드 조에티 웨드(BZW) 그룹을 형성했다.

오랫동안 런던 증권시장을 주시하고 있던 미국의 금융회사도 본격적으로 런던 증권회사 인수합병에 참여했다. 씨티코프는 비커스 다 코스타, 스크림고어 캠프-지와 할인상사 세콤 마샬 캠피온을 인수했다. 체이스 맨해튼이 로리 밀뱅크와 사이먼 & 코츠를 인수하는 동안, 시큐리티 퍼시픽은 호어 고베트의 지분율을 100%로 끌어 올렸다. 빠른 판단과 일사불란한 움직임으로 천둥 번개가 칠 때 한꺼번에 움직이는 황소 떼에 비유해 천둥 군단(thundering herd)이라는 별명을 지닌 메릴린치는 국채 죠버 자일스 & 크레스웰을 인수했다. 푸르덴셜-바쉬는 할인상사 클라이브를 인수하고, 제임스 케이플의 파트너들이 운영하는 새로운 증권회사를 설립했다. 살로몬 브라더스, 모건 스탠리와 골드만 삭스는 기존의 런던 증권회사를 인수하는 대신 인력 채용과 투자 확대를 통해 사업 조직을 강화했다.

불과 2년도 안 되는 기간에 100여 개사 이상의 런던거래소 회원사의 주인이 바뀌었다. 런던 증권회사의 인수가격은 매우 높은 편이었는데, 대개 피인수회사 세전 이익의 10~15배 사이에서 정해졌다. 인수회사는 인수 비용을 영업권으로 계상하고, 사실상의 런던 증권시장 진입 비용으로 간주했다. 지분을 매각한 피인수회사의 파트너는 수백만 파운드 이상을 받고 돈방석에 올랐다. 핵심 인력이 이탈하지 못하도록 인수대금 대부분을 분할 지급하거나 황금 수갑(golden handcuffs) 조건을 통해 슬로우머니로 이연 지급했다.

런던의 대표적인 금융기관 로이드는 위험이 크다는 이유로 증권회사 인수합병에 참여하지 않았다. 브로커 중에서는 카제노브가 여러 피인수 제안을 거부하고 독자 경영을 유지했다. 다른 런던의 증권회사들이 피인수되거나 합병되면서 카제노브는 세간 관심의 대상이 됐다. 『타임스』는 이를 유럽이 루이 16세와 마리 앙투아네트의 운명을 지켜보는 것 같은 야릇한 호기심이라고까지 보도했다. 런던거래소 회원 대부분은 인수합병을 거치면서 매우 짧은 기간에 자신들의 정체성을 잃어버렸다. 하지만, 카제노브는 대처 총리의 국영기업 민영화에 자문기관으로 참여하는 등 굳건하게 자신의 자리를 지켰다. 하지만, 이런 카제노브도 결국 2009년에 10억 파운드에 미국계 은행 JP모건체이스에 인수됐다.

런던 증권회사 인수합병 현황[7]

출자기관		대상 증권회사	
		브로커	죠버
영국	바클레이즈	드 조에티 & 비밴	웨드 듀라커 모돈트
	넷웨스트	뉴필딩 뉴스턴-스미스	비스굿 비숍
	미드랜드	W. 그린웰	
	머큐리증권/S.G. 워버그	로위 & 피트먼 멀린스	아크로이드 & 스미더스
	클라인워트 벤슨	그리브슨 그랜트	찰스워스 & 컴퍼니
	모건 그렌펠	펨버 & 보일	핀친 듀이
	머캔타일 하우스	라잉 & 크뤽생크	
	엑스코 인터내셔날	갤로웨이 & 피어슨	
	세이브 & 프로스퍼	몬태뉴 로엘 스탠리	
미국	시티코프	비커스 다 코스타	
	체이스 맨해튼	사이먼 & 코츠	
	시큐리티 퍼시픽	호어 고버트	
	시어슨 리먼	L. 메셀	
	메릴린치		자일스 & 크레스웰
유럽	UBS	필립스 & 드류	
	크레딧 스위스	벅웨스터 & 무어	
	브룩셀 램버트 은행	윌리엄 드 브뢰 힐 채플린	
기타	HSBC	제임스 케이플	
	ANZ	케이플-큐어 마이어스	

---

7 주간내외경제 제1282호, 한국은행 (한국거래소 '주식' 1986. 12월호에서 재인용)

국영기업 민영화

대처 총리의 국영기업 민영화 정책은 주식시장에 큰 영향을 미쳤다. 보수당 정부는 기업의 효율성을 향상하고, 국민의 세금부담을 줄이기 위해 국영기업 민영화를 적극적으로 추진했다. 민영화 프로그램 시행에 따라 1980년대 말까지 영국 전체 가구의 1/4은 주식을 보유하게 됐다. 영국에서 초대형 민영화는 1984년 11월의 브리티시 텔레콤 매각으로 시작됐다. 정부가 50.2%의 지분을 약 40억 파운드에 매각하면서 브리티시 텔레콤은 런던거래소에서 가장 큰 상장회사가 됐다. 거래 첫날에만 약 10억 주의 주식이 거래되고, 주가는 90%가량 상승했다. 2년 뒤 정부는 다시 브리티시 가스 지분을 약 54억 파운드에 매각했다. 청약경쟁률은 400%가 넘었다. 영국 정부는 1979년 11월부터 1991년 12월까지 민영화 프로그램을 통해 총 460억 파운드가 넘는 국영기업의 지분을 매각했다. BP, 브리티시 에어로스페이스, 재규어, 브리티시 에어웨이스, 롤스로이스와 여러 철강, 상수도, 전력회사가 민영화됐다.

풋지(Footsie) 지수

1935년 『파이낸셜 뉴스』는 당시 거래가 가장 활발하게 이루어지던 산업주식 30종목으로 구성된 주가지수를 발표했다. 정부 주식과 은행, 보험 등 금융 주식은 주가지수 구성 종목에서 제외했다. 처음에는 '파이낸셜 뉴스 30-종목 주가지수'로 불렸지만, 『파이낸셜 뉴스』가 1945년 『파이낸셜 타임스』와 합병하면서 지수 명칭도 'FT 30'으로 변경됐다. 1884년부터 산출되기 시작한 다우 지수와 더불어 세계에서 가장 오래된 주가지수 중 하나다. 시가총액 가중방식을 채용하지는 않아 현재 기준으로 보면 주식시장 전체를 나타내는 대표성은 조금 부족한 면이 있다. 1962년 11월부터 『파이낸셜 타임스』는 대기업에 대한 시가총액 방식의 주가지수인 'FT-Actuaries 지수'도 발표하기 시작했다.

1984년에는 선물시장과 옵션시장에 실시간 지수를 제공할 목적으로 'FTSE 100' 지수를 개발했다. 시가총액 순으로 100개 상장기업의 주가를 지수로 만든 영국 주식시장을 대표하는 주가지수다. FTSE는 파이낸셜 타임스(Financial Times)와 증권거래소(Stock Exchange)의 합성어인데, 지수 설계를 담당한 런던거래소는 SE 100이라는 이름을 쓰고 싶었겠지만, 파이낸셜 타임스와의 공동 프로젝트였기 때문에 앞자리에 FT를 추가해 FTSE 100이라고 지수 이름을 명명했다. 통칭 '풋지 100(Footsie 100)'이라고 불린다. 1984년 5월 3일 런던거래소는 FTSE 100 지수를 기초자산으로 하는 주가지수 옵션시장을 개장했다. 동시에 런던국제금융선물옵션거래소도 FTSE 100 주가지수 선물거래를 개시했다.

런던의 부활

개인 회원제와 외부인의 회원사 출자 제한, 브로커와 죠버의 겸업 금지, 최저 위탁수수료율 등 폐쇄적이고 경쟁 제한적인 거래 관행을 오랫동안 유지했던 런던 증권시장은 1986년 빅뱅을 통해 법인회원 허용, 회원사에 대한 외부인의 100% 출자허용으로 회원권을 전면 개방한 데 이어 위탁수수료율의 자유화, 브로커와 죠버의 겸업 허용, 경쟁적 시장조성자 제도 도입 등 대개혁을 단행했다. 이를 통해 영국 정부는 증권거래의 국제화, 증권거래의 기관화, 전자통신기술의 발달 등 금융환경 변화에 따라 약화된 런던 증권시장의 경쟁력을 높이고 금융 중심지로서의 런던의 지위 회복을 추구했다.

결과적으로 1986년 빅뱅 이후 런던 증권시장은 강세장을 시현했다. 주가는 전년보다 25% 상승하고, 1987년 초부터 7개월 동안 46% 상승했다. 상승세는 국영기업 민영화 종목이 견인했다. 투자자들은 빅뱅을 통해 달성한 증권시장의 깊은 심도와 낮은 거래 비용을 반겼다. 하루평균 거래 규모는 1986년 6억 파운드에서 1987년 9월에는 11억 파운드를 넘어섰다. 시장조성자 간에도 8억 파운드의 거래가 이루어졌다. 국채시장도 거래량이 현저히 증가하고, 거래 비용도 인하됐다. 일반적인 수수료율은 0.45%였다. 25만~100만 파운드 사이의 대규모 기관 거래의 수수료율도 빅뱅 이전의 0.31%에서 0.25%로 상당히 떨어졌다. 정부는 빅뱅으로 인한 새로운 제도가 원활하게 작동할 수 있도록 인지세를 1.0%에서 0.5%로 인하했다. 런던거래소의 회원이나 시장조성자가 취득일로부터 7일 이내에 전매한 주식의 매매에 대해서는 인지세를 면제했다. 이러한 조치로 인해 거래 비용은 빅뱅 이전의 거의 50%로 인하됐다.

1987년 10월에는 예상치 못한 미국 주식시장의 폭락이 발생했다. 미국의 재정적자와 경상수지는 3개월 연속해서 예상보다 저조하게 나타나 금리가 상승하고 다우존스 지수는 하락하면서 뉴욕 증권시장 시가총액의 거의 10%가 허공으로 사라져 1987년 10월 19일에 월 스트리트는 블랙 먼데이를 기록했다. 런던 증권시장도 월요일 시장 개장 두어 시간 만에 증권거래 화면이 온통 경고의 빨간색으로 물들었다. 시장조성자들이 호가를 조정할 수 없을 정도로 거래가 급증해 확정호가를 내지 못하고 참고호가로 전환됐다. 확정호가는 시장조성자가 의무적으로 런던거래소 시스템에 제출하는 호가로서 해당 호가는 반드시 주문에 응할 의무가 부여돼 있다. 반면, 참고호가는 런던거래소 시스템에 제출하기는 하나 시장조성자가 자신이 제출한 호가에 반드시 응할 의무는 없고 단지 호가 상황의 참고로만 활용된다.

FTSE 100 지수는 금요일의 2,301.9포인트에서 2,052.3포인트로 마감했다. 시차가 있는 호주와 뉴질랜드는 검은 화요일이 됐다. 월 스트리트는 이후 며칠 동안 상황이 더욱 악화했다. 런던도 10월 20일 화요일에 FTSE 100 지수가 250.7포인트가 하락한 1,801.6포인트로 역대 최고의 일일 하락을 기록했다. 시가총액은 전일에 500억 파운드, 당일에도 437억 파운드가 사라졌다. 어떤 시장조성자는 한동안 거래를 중단했다. 하지만, 고객의 전화 문의에 응대를 계속하고, 시장이 좋을 때나 나쁠 때나 자기 자리를 지키면서 거래를 계속한 시장조성자는 나중에 이로 인해 더욱 큰 고객의 호감을 얻게 됐다.

런던 증권시장은 주말까지 5일간의 거래 손실에 패닉에 빠졌다. 시장 폭락이 발생한 시점도 안 좋았다. 당시 주요 금융기관들은 세계 최대의 주식 공모인 BP 민영화에 참여하고 있었다. 영국 정부는 BP 보유 지분 31.5%를 매각하고, 동시에 회사는 15억 파운드의 주식을 모집 발행할 예정이었다. 정부는 증권업계로부터 블랙 먼데이에 BP 주식 공모를 취소하라는 거센 압력을 받았다. 재무장관 나이젤 로손은 이를 단호히 거부하고 만일 주가가 70펜스까지 떨어진다면 120펜스에 일부 주식을 재매입하기로 했다. 10월 30일 거래 첫날 BP 주식은 90펜스로 거래를 시작해 85펜스로 마감했다. BP 주식을 인수한 금융기관들은 7억 파운드의 손실을 기록했다.

　빅뱅으로 인한 수수료 인하의 효과는 증권시장 폭락으로 진짜 모습을 드러났다. 인수합병 과정에서 지분 매각을 통해 큰돈을 벌었던 많은 증권회사가 인건비 상승과 수익 악화에 직면했다. 인수합병 기관 간의 문화적 충돌도 심했다. 인력 과잉 해소를 위해 업무 폐쇄와 정리해고가 런던 시티를 휩쓸었다. 1988년 1월, W. 그린웰은 주식 부문을 폐쇄했고, 모건 그렌펠도 증권 부문을 폐쇄했다. 1989년 체이스 맨해튼은 주식사업을 접었다. 국채전문딜러 7개사도 사업을 포기했다. 시티코프는 주식 부문인 시티코프 스크림고어 비커스를 폐쇄했다. 필립스 & 드류 등 다른 회사들은 대규모 손실을 발표했다. 바클레이즈는 1997년까지 BZW를 보유하다 결국 매각했다. 주요 회사 중에서는 HSBC/제임스 케이플만이 계속 존속하다가 1999년 HSBC투자관리로 사명을 변경했다.

　빅뱅 당시 그렇게 강력하게 추진해 형성된 영국의 금융 그룹들은 대부분 유럽의 투자은행에 예속되고, 영국 증권회사의 약 90%는 외국계 금융회사에 인수될 수밖에 없었다. 런던 시티의 유서 깊고 존경받던 증권회사의 몰락은 그리 달갑지 않은 세간의 주목을 받았다.

런던거래소의 굴욕

런던거래소의 결제 시스템 Talisman은 상당히 안정적이었다. 하지만, 빅뱅 이후 폭발적으로 증가한 거래량을 처리하기에는 속도가 너무 느렸다. 한편으로는 1978년 미국 록펠러재단이 경제 금융 전문가 30명을 선정해 구성한 민간 싱크탱크 G-30이 정한 국제표준에 부합하는 최신 전자적 결제제도를 도입하라는 정부와 영란은행의 압력도 부담이 됐다. 이에 따라 1981년 런던거래소는 Talisman을 대신할 Taurus(Transfer and Automated Registration of Uncertified Stocks) 시스템 개발을 계획했다. 애초 1987년 작업을 개시해 1989년 가동 예정이었지만, 1987년의 시장 폭락으로 인한 거래 부진으로 Talisman이 미결제 거래를 모두 처리하자 Taurus 추진도 순연됐다. 하지만, 회원들은 고비용이 수반되는 Talisman에 불만이 많았다. 1989년에만 약 2억 파운드의 잠재적 비용이 결제 처리에 든 것으로 추산했다.

결론적으로 런던거래소는 결제 시스템 Taurus 구축에 실패했다. 실패의 원인은 과욕에 있었다. 시스템을 구축하면서 은행, 금융기관, 보관은행, 회원사와 개인투자자 등 모든 시장참가자의 서로 다른 요구를 모두 충족시키려 했다. 이에 따라 많은 경우 이용자의 요구사항이 서로 배치되고, 타협이 곤란한 상황이 발생했다. 작업 지연이 이어지고 곳곳에서 난관에 봉착했다. 회원사들도 많은 돈을 투자했지만, Taurus와의 호환을 위한 시스템 준비작업을 제대로 진행하지 못했다. 막대한 고생 끝에, 런던거래소는 결국 1993년 3월 Taurus 구축을 포기하고, 관련 비용 약 7,500만 파운드를 상각 처리했다. 회원사의 투자 비용도 3억 2,000만 파운드에 달하는 것으로 추산됐다. Taurus 구축 실패의 책임을 지고 런던거래소 최고집행임원 피터 롤린스가 사임했다.

런던거래소는 영란은행에 증권 결제 시스템 구축과 관련한 지원을 요청했다. 오랫동안 국채 결제 시스템 운영 노하우가 있던 영란은행은 금융기관의 시스템에 사양을 맞춰 'Crest'를 구축하고, 1996년 8월 가동에 들어갔다. 영란은행은 'Crest'에 어카운트거래 대신 연속결제[8]를 도입해 오랫동안 시행해 온 2주의 결제기한을 매매체결일 다음 10영업일(T+10일)로 단축했다. 추가로 1995년 6월에는 5영업일(T+5일)로, 2001년 2월부터는 3영업일(T+3일)로 결제기한을 단축했다. Taurus 사건은 런던거래소의 자존심과 명성에 상당한 타격을 줬다. 증권거래의 시작부터 마지막 결제까지 증권거래 전 과정을 담당하던 런던거래소의 밸류체인도 깨졌다. 런던거래소의 중요한 기능인 결제업무가 굴욕적으로 영란은행에 이전됐다.

---

8 매일의 거래를 매매체결일 이후 일정한 영업일에 매일 결제하는 방식.

명예회복

런던거래소는 침체한 조직을 추스르고, 새로운 거래 시스템의 제공과 같이 회원 서비스를 새롭게 조정했다. 1987년의 시장 폭락 이후 런던거래소 시스템에 대한 시장조성자의 불만은 컸다. 1990년대 초 런던거래소는 문제 해결을 위해 여러 노력을 기울였지만, 성공적이지는 못했다. 1993년 10월 런던거래소는 앤더슨 컨설팅과 파트너십을 체결해 기존의 모든 거래 시스템과 정보 시스템을 대체하는 Sequence라는 3개년 6단계 계획에 착수했다.

대형 증권회사들은 나스닥 시스템을 구매하는 것이 시스템을 직접 개발하는 것보다 저렴하고 더 효율적이라고 주장하면서 반론을 제기했지만, 런던거래소는 나스닥 시스템을 도입하는 것이 사실상 런던 증권시장에 대한 통제권을 미국에 넘겨주는 것이라 결론짓고 자체 개발을 계속했다. Sequence는 당시 유럽에서 가장 크고 복잡한 전산화 작업이었다. 이번에는 Taurus 때의 경험을 살려 시장참가자의 여러 요구가 쇄도하는 것을 허용하지 않았다. 대신 개발단계에 맞춰 필요한 정보를 회원사에 충실하게 제공했다. 총비용 8,000만 파운드를 살짝 초과하는 예산으로 1996년 완성됐다.

Sequence는 주문주도형(order-driven) 시장을 지원하도록 설계해 그간 런던거래소가 전통적으로 운영해 온 호가주도형(quote-driven)

시장을 대체하고자 했다. 주문주도형 시장은 경쟁매매 시장이라고도 불리는데, 회원인 증권회사를 통해 시장에 전달된 투자자의 주문 간에 직접 매매체결이 이루어지는 방식을 말한다. 즉, 주문주도형 시장은 죠버나 딜러와 같은 시장조성자가 없고, 투자자의 매도주문과 매수주문이 경합하여 수요와 공급이 일치하는 가격에서 매매체결이 이루어지는 방식이다. 반면, 호가주도형 시장은 딜러 시장이라고도 불리는데, 죠버나 딜러와 같은 시장조성자가 자신이 취급하는 종목에 대해 계속 매도호가와 매수호가를 제시하고, 조성조성자가 투자자의 거래상대방이 되어 매매체결이 이루어지는 방식이다. 즉, 호가주도형 시장에서 투자자는 시장조성자와만 매매하게 되고 투자자의 주문 간에 매매거래가 이루어지지는 않는다. 시장조성자는 통상 매도가격을 매수가격보다 높게 제시해 두 가격의 차이인 호가 스프레드를 통해 이익을 얻는다.

런던거래소의 호가주도형 시장에서 주문주도형 시장으로의 전환은 상당한 회원 증권회사의 저항을 불러왔다. 특히 대형 증권회사는 거래소의 통합 호가장에 투자자의 주문이 집중되는 주문주도형 시스템에 대해 매우 적대적이었다. 주문주도형으로 시장이 전환되면 시장조성호가의 스프레드를 통한 증권회사의 매매차익이 감소하리라 생각했기 때문이다. 하지만, 변화는 불가피했다. 이미 기관투자자의 거래 비용 절감 요구는 무시무시했다. 주식시장 시가총액의 약 10%를 소유한 미국 투자자들도 호가주도형 시장조성 시스템에는 불만이 많았다.

1995년 11월 런던거래소는 유동성이 높은 종목은 주문주도형으로 매매를 체결시키겠다고 결정했다. 정부가 국내주식에 대한 회원사의 자기매매에 대해 인지세 부과를 면제하면서 간신히 저항감을 감소시킬 수 있었다. 1997년 10월부터 회원사들은 증권거래소 전자거래 서비스 SETS(Stock Exchange Electronic Trade Services)를 통해 전자 호가장에 호가를 제출했다. 매매는 딜러의 개입 없이 집중된 호가 간 경쟁을 통해 매매체결 원칙에 따라 전자적으로 자동 체결됐다. 미체결된 호가는 호가장에 남아 새롭게 제출된 호가와 체결되거나 취소될 때까지 유지됐다. 주문주도형 시장으로 운영하면서 시장조성자와 유동성공급자와 같은 딜러 요소도 가미했다. 현재 우리나라의 투자자에게는 전혀 새로운 것 없는 매매방식이지만, 1801년 런던거래소 설립 이전부터 죠버(딜러)가 제시하는 호가에 의존해 매매를 체결했던 런던으로서는 정말 획기적인 변화라 아니할 수 없다.

증권거래소에서 매매거래에 참가할 수 있는 자는 회원으로 한정된다. 따라서, 회원만이 증권거래소에 호가를 제출할 수 있다. 회원이 아닌 투자자는 증권거래소의 회원에게 주문을 제출하여 간접적으로 해야 한다. 투자자가 증권을 매매하기 위해 회원 증권회사에 매매 의사를 표시하는 행위를 '주문'이라 하고, 회원 증권회사가 이 주문을 증권거래소에 제출하는 행위를 '호가'라고 구분한다. 하지만, 최근 증권회사의 HTS(Home Trading System)나 MTS(Mobile Trading System)와 같은 주문 매체가 등장하면서 주문과 호가 구분의 실익이 사라졌다. 투자자가 HTS나 MTS를 통해 주문을 제출하면 증권회사 시스템을 거쳐 바로 증권거래소의 시스템으로 호가가 제출되기 때문에 주문과 호가가 자동으로 하나의 연결되는 행위로 변했기 때문이다.

런던거래소의 정보 시스템 TOPIC은 1990년대 초반 로이터, 엑스텔, 블룸버그 등 글로벌 정보벤더와의 경쟁에 직면했다. 이들 글로벌 정보벤더는 우수한 프로그램을 보유하고, 국제시장에 정보를 판매하고 있었다. 런던거래소는 이 상황에서 정보벤더와의 직접적인 경쟁이 어렵다고 판단해 정보 단말기를 소매로 제공하던 사업은 중단하고, 증권시장 정보를 도매로 분배하는 사업에 집중하기로 했다. 1994년 12월 TOPIC을 정보벤더 ICV와 텔레커스 2개사에 매각했다.

중소기업 지원

1980년 11월 런던거래소는 정규시장 상장요건에 미달하거나 상장을 원하지 않는 중소기업 주식의 거래를 지원하기 위해 비상장 증권시장 USM(Unlisted Securities Market)을 개설했다. 윌슨위원회의 권고에 따라 공식 상장요건을 충족하지 못하는 중소기업 주식이 증권 시장에서 거래될 수 있도록 하기 위해서였다. 등록요건이 단순하고 비용이 저렴한 USM은 11개 회사의 주식으로 거래를 시작해 곧 폭발적으로 성장하기 시작했다. 1980년대에 817개의 회사가 USM에 등록해 470억 파운드의 자금을 조달했다. 하지만, 1987년의 예상치 못한 시장 폭락은 USM 등록기업에 큰 피해를 줬다.

금융서비스법에 따라 출범한 증권투자위원회는 장외시장의 효율적인 개편을 위해 공인투자거래소(Recognised Investment Exchange)를 개설하기로 하고, 1985년 전영 딜러/투자관리자 협회에 검토를 의뢰했다. 협회는 새로운 거래소의 설립과 과다한 운영비용을 고려하면 효율성이 없다는 결론을 전달했다. 증권투자위원회는 설립비용 경감을 위해 런던거래소에 기존 시설을 이용한 제3시장 개설 지원을 요청했다. 런던거래소도 1980년대 초부터 벤처캐피털을 이용한 신생기업 창업이 급증함에 따라 이들 기업에 대한 조직적인 증권시장을 제공해야 할 필요성을 인식하고 있었다. 이에 따라 런던거래소는 1987년 1월 USM 대상기업보다도 규모가 더 작은 신생 성장기업이 원활히 자금을 조달할 수 있도록 제3시장(The Third Market)을 개설했다. 하지만, 이 제3시장도 1987년의 시장 폭락으로 인해 출범 직후부터 큰 상처를 입었다. 1990년 런던거래소는 제3시장을 USM에 통합시켰다. 하지만, 이 통합 조치가 그다지 성공적이지는 않았다. 1991년에 런던거래소가 공식 상장요건을 완화해 기업의 정규시장 상장을 쉽게 한 것이 원인이었다.

1995년에는 USM 폐쇄계획이 정부의 불허로 무산되고, 중소기업 경쟁 시장인 Off Exchange(OFEX)가 설립되면서 런던거래소는 중소기업 전략을 다시 설계해 1995년 6월 새로운 형태의 중소기업 증권시장인 AIM(Alternative Investment Market)을 출범시켰다. 중소형 규모의 성장기업이 자금을 실용적으로 조달할 수 있는 증권시장의 제공을 목적으로 했다. 시장 개설 이후 현재 총 3,600여 개사의 기업이 등록했으며, 영국뿐 아니라 100개국 500개 이상의 기업이 등록되어 있다. AIM은 등록기업이 지정 자문인을 선임해야 하고, 투자자가 등록기업 주식의 매매를 쉽게 하도록 런던거래소의 회원인 지정 브로커를 선임해야 한다는 점에서 전신인 USM과 차이가 있다. 현재 한국거래소가 운영하고 있는 코넥스시장이 바로 이 AIM을 모델로 설계된 중소기업 전용 시장이다.

금융서비스법

영국 정부는 런던대학교의 짐 가워 교수에게 투자자 보호, 금융 서비스의 규제와 감독에 관한 제반 문제의 연구를 의뢰했다. 짐 가워 교수는 1984년 보고서에서 미국의 증권거래위원회(SEC)를 모델로 삼아 여러 권고안을 제시했다. 하지만, 대처 정부는 금융 부문의 자율규제를 유지하면서 상위의 기구가 자율규제 정책을 감시하는 것이 바람직하다고 보았다.

사실 영국의 증권시장은 역사적으로 자율규제에 기반해 운영됐다고 해도 과언이 아니다. 앞에서 본 것처럼 초기 증권시장의 형성에서부터 영국 정부는 증권시장의 규제에 적극적으로 개입하지 않았다. 전통적으로 증권시장에 대한 관리 감독은 런던거래소 등 자치공동체의 자율규제 중심으로 운영하는 것이 일종의 불문율이었다. 증권업자에 대한 자격인정, 일상의 매매거래 감시 등도 자율규제에 위임해 회원 증권회사는 증권거래소가 사안에 따라 제재를 부과하는 방식으로 규제가 이루어졌다. 그러다가 1980년대 이후 점차 법령 중심 규제로 이행하게 되는데, 1986년 제정한 「금융서비스법(Financial Services Act)」은 법령 중심으로 규제를 일단락한 증권 분야의 통합법이자 빅뱅의 중추를 이루는 법률이 됐다. 이에 따라 전통적으로 시행해 온 자율규제도 성문법에 기초한 공적 규제로 전환됐다.

금융서비스법은 규제의 중추적 감독기관으로 민간기관을 지정규제기관으로 선정할 수 있는 근거를 마련했다. 이에 따라 1987년 설립된 증권투자위원회(1997년 금융감독청으로 변경)가 의회의 승인을 받아 지정기관이 됐다. 민간기관이면서 공적 규제기관의 성격을 지닌 증권투자위원회는 여러 자율규제기관에 대한 최종적인 감독기관의

역할을 담당했다. 런던거래소의 업무 일부를 인계받아 '증권업협회'
도 설립됐다. 1988년에는 런던거래소가 운영하던 손해배상공동기
금을 정리하고 증권업협회가 운영하는 제도로 대체했다. 런던거래
소는 회원 감독 기능과 회원의 대고객 업무에 관한 사항도 증권업
협회(1991년에 선물업협회와 합병해 증권선물업협회가 된다)에 인계했다.
1989년 런던거래소에는 391개사의 법인회원이 있었는데, 이 중 영
국 회사는 248개사였다. 과거에는 겸영할 수 없어 금융회사별로 업
무영역이 한정되고 경쟁도 제한되어 있었지만, 이제는 모든 금융회
사가 국적을 불문하고 주식, 국채, 유로본드 및 금융선물 거래와 같
이 다양한 업무에 종사할 수 있었다. 규제는 이들 회사의 운영 규모
와 업무 다양성 그리고 끊임없는 기술 발전으로 인해 복잡해졌다.

런던거래소 탈상호화

1990년대는 런던 증권시장의 국제화가 두드러진 시기였다. 증권
거래 비용이 감소하고 중개업무의 효율성이 향상되면서 외국에서
거래되던 주식 거래의 많은 부분이 런던으로 다시 회귀했다. 증권
업계는 저성장에 빠져 있던 국내기업에 대한 의존을 줄이고, 외국기
업과 자금을 런던에 적극적으로 유치했다. 런던의 해외주식 시장은
급성장했다. 1990년까지 런던거래소에 상장된 해외주식의 시가총액
은 1조 2,883억 파운드에 달해 전체 상장증권의 60% 이상을 차지

했다. 런던시장은 규제가 강하지 않고 특히 다른 유럽의 시장에는 없는 호가의 심도와 유동성이라는 장점이 있었다. 런던의 유럽 대형 기업에 대한 주식 거래 점유율은 빠르게 올라갔다. 1993년에는 해외기업을 대상으로 하는 SEAQ International의 거래대금이 국내기업을 대상으로 하는 SEAQ를 추월하기도 했다.

런던거래소는 조직개편을 추진해 회원 평의회를 없애고, 1991년 가을 이사회 구조를 도입했다. 이사회는 증권시장의 이용자를 균형 있게 반영해 구성됐다. '1802년 설립 약정서'도 정관으로 대체됐다. 1992년 3월에는 런던국제금융선물옵션거래소에 장내 옵션시장을 명목 금액 4파운드에 매각했다. 이로써 런던거래소 객장에서 옵션 거래는 종말을 고했다.

유로화 도입이 다가오면서 투자자의 관심은 다시 유럽으로 향했다. 범유럽 주식에 투자하는 뮤추얼 펀드에 관한 관심도 급증했다. 주식 숭배(Cult of Equity)가 유럽 대륙을 사로잡기 시작했다. 유럽의 증권거래소들은 런던거래소의 국제적인 경쟁우위에 경각심을 느끼기 시작했다. 이로 인해 1980년대 후반부터는 유럽에서도 규제 완화가 시작됐다. 파리, 마드리드, 밀라노 거래소는 자국 판 빅뱅을 실시했다. 독일은 런던을 제치고 유럽의 선도 주식시장이 되고자 했다. 1993년 독일의 6개 거래소도 프랑크푸르트증권거래소의 주도 아래 독일거래소로 통합했다. 유럽에서 거래소 간 경쟁이 치열해졌다.

1994년 7월에 카제노브의 파트너였던 존 켐프-웰치가 런던거래소 이사장에 올랐다. 런던거래소 업무 전반에 대한 전략적 검토는 그의 최우선과제였다. "증권거래소란 무엇인가? 어디로 가고 있는가? 주주, 회원 그리고 이용자는 무엇을 기대하는가?" 이사회는 1995년 가을과 이듬해 봄 주말 워크숍을 개최했다. 여기에서 런던거래소의 목적이 "규제받는 시장에서 시장의 매력도와 비용 효율성에 기반해 발행자와 투자자를 위한 역동적인 투자 포트폴리오를 제공하는 것"이라고 확인했다. 런던거래소의 지배구조에 관한 검토도 시작했다. 시장참가자의 의견을 수렴해 완성된 보고서는 런던거래소에 설치된 상임위원회의 축소를 권고하면서 발행시장위원회와 유통시장위원회, 그리고 4개 부문별 자문위원회 설치를 제안하고, 각 위원회의 위원장은 이사회 위원이 맡도록 했다. 또, 런던거래소 소유권에 관한 논의가 지금 당장은 적절하지 않지만, 조만간 필요할 것이라고 지적했다.

1998년 7월 런던거래소는 효율적인 범유럽 시장 구축의 해답이 거래소 간의 통합에 있다고 보고, 독일거래소와의 전략적 제휴를 발표했다. 양 거래소에 상장된 상위 300개 유럽 기업의 주식을 거래할 수 있는 액세스 패키지를 구축하고 시장 규정을 통합하며 단일의 거래 플랫폼을 구축할 계획이었다. 1999년 5월 파리, 마드리드, 취리히, 밀라노, 암스테르담, 브뤼셀 6개 거래소도 이 단일의 거래 플랫폼 구축에 협력하기로 했다. 하지만, 채 1년도 지나지 않은

2000년 3월, 유구한 역사와 전통의 파리, 암스테르담, 브뤼셀의 3개 증권거래소가 전격적으로 유로넥스트(Euronext)라는 이름으로 완전한 통합을 발표하면서 국가 간 거래소 통합의 서막을 열었다. 런던과 독일을 제치고 유럽 주식거래의 중심적 시장이 되겠다는 공동의 결의를 천명한 것이다.

미국의 거래소들도 찰스 슈왑, 인스티넷 등 전자거래 중개기관(ECN)을 운영하는 온라인 브로커와의 경쟁에 직면해 있었다. ECN은 대체 거래 시스템(ATS)의 일종으로 컴퓨터 네트워크를 활용해 전자거래 기반으로 증권을 매매하는 전자거래 플랫폼이다. 1999년 7월 뉴욕증권거래소와 나스닥은 ATS 등 전자거래 플랫폼과의 경쟁이 심화하자 전격적으로 회원제 조직에서 주식회사로 전환하는 탈상호화(demutualization) 계획을 발표했다.

빅뱅으로 인해 런던에서 매일매일 서로 얼굴을 맞대던 객장 매매가 종말을 고하면서 런던거래소의 모든 사교클럽적 요소도 사라졌다. 하지만, 회원이 거래소를 소유하고 있는 회원제 조직이란 특징은 여전히 남아 있었다. 빠르게 변화하는 증권시장에서 회원제 구조는 신속한 의사결정에 심각한 장애를 초래했다. 호가주도형 시장에서 주문주도형 시장으로 전환하면서 회원의 반대로 런던거래소가 겪은 의사결정의 어려움은 일례에 불과했다. 시장참가자들은 저비용의 효율적인 시장을 원했다. 거래소 간의 경쟁이 치열해지면서 런던의 비용-효익에 대해 만족할 수 없다면, 투자자들이 유럽의 다른 거래소로 옮겨가는 것은 당연했다. 마침내 1999년 7월 런던도 탈상호화하고 주식회사로 조직구조를 전환할 것을 결의했다. 2000년 3월 15일의 특별총회는 회원 75%의 찬성이 필요했지만, 큰 어려움 없이 통과됐다. 298개 회원사가 199년간의 런던거래소에 대한 회원 상호소유를 끝내고, 주주가 통제하는 주식회사로 전환하기로 했다. 각 회원사는 10만 주의 런던거래소 주식을 받았다. 이 주식을 매각하거나 추가로 매입할 수도 있었지만, 회사별로 4.9% 이상의 지분보유를 허용하지 않았다. 런던거래소의 순자산은 2억 1,130만 파운드였는데, 이 중 현금과 투자상품이 2억 110만 파운드에 달했다. 많은 주주가 런던거래소 주식 매각을 통해 큰돈을 벌었다.

한편, 2000년 런던거래소와 독일거래소의 합병 계획은 런던에서 즉각 큰 반발이 일어났다. 양국의 상장규정과 규제상 차이, 런던의 매매 시스템 SETS에서 독일의 매매 시스템 XETRA로의 이전에 따른 막대한 전산 비용 증가 등과 같은 문제에 대해서 런던 증권회사의 불안이 커졌다. 런던거래소의 주주들은 이러한 우려가 적절히 다루어지지 않은 것에 불만이 있었고, 여론은 독일거래소와의 합병에 관해 점점 부정적으로 변했다. 이 기회를 이용해 스웨덴 스톡홀름거래소를 운영하던 OM이 런던거래소 인수계획을 전격적으로 발표했다. 런던거래소 이사회는 OM의 8억 300만 파운드의 인수 제안을 보잘것없는 액수라고 즉각 일축했지만, 독일과의 합병에 반대하던 주주들에게 OM의 인수 제안은 좋은 핑곗거리가 됐다. 결국, 독일거래소와의 합병 계획은 무산되고, OM의 인수계획도 인수가액 증액에도 불구하고 런던거래소 지분 6.7%만을 확보하는 것에 그쳐 실패했다. 런던거래소는 독자 생존의 길을 선택했다.

에필로그

빅뱅을 통해 부활에 성공한 런던거래소가 독일거래소, 스웨덴 OM과의 합병을 거부하고 설립 200주년을 바로 앞둔 2000년을 마지막으로 런던 증권시장 역사 기행을 끝맺음한다. 이후의 이야기에 관심이 있는 독자라면 한국거래소가 2019년 발행한 '주요국의 주식시장 제도'를 참고하면 좋겠다.

런던거래소는 2004년 증권거래의 대면 객장 거래가 사라지고 전산화로 인해 기존 건물의 활용도가 떨어지자 지난 200여 년이 넘는 기간 증축과 재건축을 거듭하며 자리를 지키고 있던 영란은행 인근을 과감히 떠나 세인트 폴 대성당 근처의 패터노스터 스퀘어로 이전했다. 2007년에는 이탈리아거래소와 합병해 런던증권거래소그룹이 되고, 2016년 독일거래소와 합병을 발표하며 새 출발을 하는 듯 세간의 주목을 받았다. 하지만, 결국 EU의 거부권 행사에 밀려 독일거래소와의 합병은 성사되지 못하고 무산됐다. 2019년에는 중국의 상해증권거래소와 상대방 상장증권을 각각 예탁증서(DR) 형태로 거래할 수 있는 'Shanghai-London Stock Connect'를 구축했다.

런던 증권시장은 300여 년이 넘는 역사를 통해 끊임없이 반복되는 투기, 위기와 패닉, 전쟁과 평화, 그리고 증권시장의 변화와 혁신에 대응해 살아남는 뛰어난 생존능력을 보여줬다. 해가 지지 않는 나라 대영제국의 유산인 영 연방의 후광으로 브렉시트 뒤에도 런던 증권시장이 국제 경쟁력을 계속 유지할 수 있을지 흥미롭다. 1914년까지 전 세계를 호령하던 영국이 제1·2차 세계대전을 통해 국력이 쇠락하고 미국에 자본시장의 주도권을 내줬지만, 온갖 위기와 도전을 극복하고 런던이 국제 증권시장에서 여전한 저력을 유지하는 것을 보면 어쩌면 지나온 과거에 그 해답이 있을지도 모르겠다.